オックスフォード式

最高のやせ方

オックスフォード大学元シニア研究員
福島県立医大主任教授／医師

下村健寿

アスコム

「造物主は人間に生きるがために食べることを強いるかわり
それを勧めるのに食欲、それを報いるのに快楽を与える」

――ジャン＝アンテルム・ブリア＝サヴァラン『美味礼讃』
関根秀雄・戸部松実 訳（岩波文庫）

はじめに

みなさん、こんにちは。医師の下村健寿《しもむらけんじゅ》です。

私は、世界大学ランキングで5年連続1位に輝いている英国・オックスフォード大学で研究員として従事した約8年の期間を含め、長年にわたって糖尿病や生活習慣病の研究をしてきました。

ネズミを使った基礎研究ばっかりしてきた人にダイエットの何がわかるか、という意見もあるかもしれません。

しかし、私は現役の臨床医でもあります。

いまでも、所属する福島県立医科大学などで、研究と同じくらい一生懸命、糖尿病や肥満の治療にあたっています。

月にだいたい200人くらいの患者様を診療させていただいています。

通常、医学部の教授になると、もうたくさん患者さんを診なくなります。

でも私は、それは違うと思っています。患者さんの「生の声」を何より大事にしたいと思っています。

その生の声の期待に応えられる研究をしたいと思っています。
実際に、私の外来では**100キロ超えの体重を50キロ近く減量すること**に**成功**した患者さんもいます。

まずは私と一緒に、これまでのダイエットの努力を冷静かつ医学的に徹底的に分析して、問題点をあぶりだしましょう。
そして、過去の失敗から学び、正しい医学的知識を持って、

「永遠にやせた体」

を手に入れましょう。

すべてのダイエットは失敗するようにできている

いままで話題になったダイエット法はたくさんあります。

そして、そのすべてのダイエット法はよく効きます……**部分的には。**
「部分的」というのは、「体重が減る」ということに限定して考えれば、**「短期間で見ればすべて効果がある」**ということです。

問題点はふたつ。

ひとつ目は、**「体重は減るが、健康を害する」**ということ。
せっかく体重が減っても、体力も落ちてやる気がなくなってしまったり、病気になって寿命が縮んだりしてしまっては、元も子もありません。

そしてふたつ目は、すべてのダイエットに共通している問題点——

「いったんダイエットに成功しても、減量した体重を維持できない」

ということです。

ダイエットにおいて成功したという人に1年後に再会すると、必ずと言っていいほどもとに戻っています。いわゆる**リバウンド**です。

実際、2020年に「British Medical Journal」誌に発表された論文は、「糖質制限ダイエット」など、いままでに提唱された代表的な14のダイエット法の効果を検討しました。

その結果、ダイエット開始6カ月の時点では、すべてのダイエットに体重減少効果があったことが確認されました。

しかし、そのすべてのダイエット法において、1年後にはその効果がなくなっている……つまり**リバウンドしてもとに戻っていた**ことが確認されています［1］。

私が今回提案するダイエット法は、**健康的にやせた体を手に入れて、さらに永遠に維持する方法**です。

そのためにはまず、「過去から学ぶこと」が大事です。

「過去に学ばない者は、過ちを繰り返す」という格言があります。
それはダイエットに関しても同じです。

いままでみなさんは、**多くのダイエットに挑戦し、挫折**したはずです。
だからこの本を手に取ったはず。
でも、そもそもあなたはダイエットに「挫折」なんてしていないんです。
なぜなら、**すべてのダイエットは失敗するようにできている**からです。
あなたはいままで、**負けることがわかっている戦いに挑み続けた**のです。
でも、その経験は尊いものです。

この本は、いままでのダイエットハウツー本とは違います。
この本では、あなたがダイエットのために戦ってきた過去から学ぶことから始めます。

あなたのいままでの「やせるための努力」は、決して無駄ではありません。

むしろ、**本当によくがんばってきました。**

あとはそこから何を学び取るかです。

私は本書でそのお手伝いをしたいと思っています。

誰もが誤解しているダイエットのパラドックス ～食欲は２種類ある～

「食べる量を減らせばやせる」

誰だって知っています。

でも、これができない。

じつはこれは当たり前のことです。

「食べる」ということは、生きるうえで必須の行為。意思の力でどうこうできるものではありません。

医学的・生理学的観点から、**食欲は我慢できないようにできているの**です。

そもそも、「食欲」とは何か、説明できますか？

「食欲」がどのようにできているのかを知らなければ、ダイエットはうまくいきません。

敵を知らずに戦いを挑んでも失敗するだけです。

ここでは食欲の仕組みをきちんと理解していきましょう。

「食欲」とは、「お腹がすいた状態」です。

お腹がすいた状態、つまり胃の中が空っぽということです。

では、「胃が空っぽ」だと食欲を感じるのでしょうか？

試しにお腹がすいているときに水をたくさん飲んでみてください。

空腹感が消えましたか？

消えるわけがありません。依然としてお腹はすいているはずです。

つまり、**お腹が物理的に体積として膨れても、空腹感は満たされないのです。**


では、人はどうやって空腹を感じているのでしょうか？

それは、満腹感のメカニズムを理解すればわかります。

食事をして胃が食べ物で満たされると、胃や小腸からホルモンが分泌されると同時に血糖値が上昇します。

これら食後に増加するホルモンや糖などの因子が脳に働きかけて、**「お腹いっぱい」と感じさせて「満腹」の状態を作っている**ことになるわけです。

逆に言えば、「お腹がすいた」という空腹感も、「何か食べたい」という食欲も、脳が感じているのです。

つまり、**食欲をコントロールしているのは脳**なのです。

そして、この**脳がコントロールする「食欲」は、じつは2種類あるの**です。

それは**「恒常性食欲」**と**「報酬系食欲」**のふたつです。

「なんのことやら……」と感じたと思います。

「恒常性食欲」とは、体の内部の環境を一定の「生きている」という状態に保つための食欲です。

つまり、**「生きていくために食べる」ための食欲**です。

もうひとつの「報酬系食欲」とは、すなわち「快感を覚える」ための食欲です。

食事をすると、お腹がいっぱいになって深い満足感を味わいます。

この満足感とは、いい気持ち――つまり快感です。

これは、脳の報酬系が機能した結果です。

人は食事をすると、気持ちがよくなるのです。

まだちょっとわかりづらいかと思うので、実際の経験を例に考えてみましょう。

あなたが夕食を食べているときのことを想像してみてください。


（今日も一日、労働が終わった。仕事は大変だったがいい一日だった。

目の前にはおいしそうな夕食が並んでいる。

まずは、あつーいみそ汁をひと口。このしょっぱさが労働後の体に心地いい。

次にごはんをひと口。

米本来の甘さが、噛めば噛むほどに口の中に広がる。

次に箸がつまむのは、焼き魚。これもうまい。

さらにごはんをひと口。でもって、飲み込む前にお漬け物のひとつも口に運んでポーリポリ。

もう、あまりにもおいしくてあっという間に食べ終わっちゃう。

ああ、労働のあとの食事はうまいなあ。満腹だ。

あとはテレビでスポーツニュースでも見て、そのまま寝ちゃおうか。

……と、そのとき食卓に現れたのはデザートのアイスクリーム。

これはないでしょ。

こんなに甘くてカロリーの高いものを食後に食べたら、太っちゃうよ）

でも……、あなたの心のなかでは葛藤が始まります。


（いやいや、これはないでしょ。

こんなに甘くてカロリーの高いもの食べたら太っちゃうよ。

せっかくおいしい和食でお腹いっぱいになったのに、こんな西洋の氷菓子なんて食べないよ。

だいたい、アイスってのは甘すぎなんだよ。

いったい誰なんだよ、こんなくだらない食べ物発明したのは。

子供じゃあるまいし……絶対に食べないからな。


でも……、食べないのはもったいないよなあ。

このアイス……作ったお菓子会社の人たちもいるんだよなあ。そういう人たちの思いが詰まったアイス……食べなかったら悪いよなあ。

このアイスのもとになった牛乳……搾ってくれた牧場の人もいるんだよなあ。朝早くに起きて搾ったのかな……大変だったろうなあ……そういった苦労がしみ込んだアイスなんだよなあ……もったいないなあ。

というか、そもそもこのアイスのもとになる牛乳を出してくれた乳牛の立場はどうなるんだよ！

もったいないどころの話じゃないよ！　申し訳ないよ！）

そして気づくと一気呵成《いっきかせい》にアイスを食べ尽くしてしまっています。

残るのは、**ほんの少しの罪悪感と大きな幸福感**。

少しオーバーに感じたかもしれませんが、じつはこれは正常なヒトの食事に対する反応です。

このとき、普通に食べてお腹いっぱいになった夕食に対する食欲が、「恒常性食欲」です。

もしこのとき、夕食を食べずに翌朝を迎えて、そのまま何も食べないで空腹が続いていたら、一日のパフォーマンスが落ちてしまいます。

つまり、体がいつもの調子――恒常性――を保てなくなるのです。

だから、この夕食を食べるときの食欲は**「生きるための食欲」**、つまり**「恒常性食欲」**です。

「報酬系食欲」こそ人を太らせる元凶

一方で、夕食のあとに出てきたデザートのアイスはどうでしょうか？

夕食でお腹がいっぱいなはずなのに、結局は「食べたい」と思ってしまいます。

いわゆる、「スイーツは別腹」とも言われる現象です。

一見すると意志が弱いように見えますが、実際には意志とはまったく関係ありません。

このアイスは、仮に食べなかったとしても翌日のパフォーマンスに響くことはなかったでしょう。

つまり、これは体の「恒常性」を保つこととはまったく無関係の食欲、すなわち**「報酬系食欲」**です。

これはひたすら**脳が快感を求めて食べた結果**なのです。

そして、この快感に対しては、例で示したとおり抵抗することは不可能です。

極端なところでは、麻薬を使った際の快感とまったく同じ快感です。

この**「報酬系食欲」こそが、人を太らせる元凶**です。

「恒常性食欲」と「報酬系食欲」は同じ食欲を司っていますが、脳の中ではまったく別の場所に存在しています（図1）。

恒常性食欲は、脳の中の視床下部というところで制御されています。

この部分では、食欲以外にも、体温や呼吸といった「生きていくために必要な機能（＝恒常性維持のための機能）」を制御しています。

図1

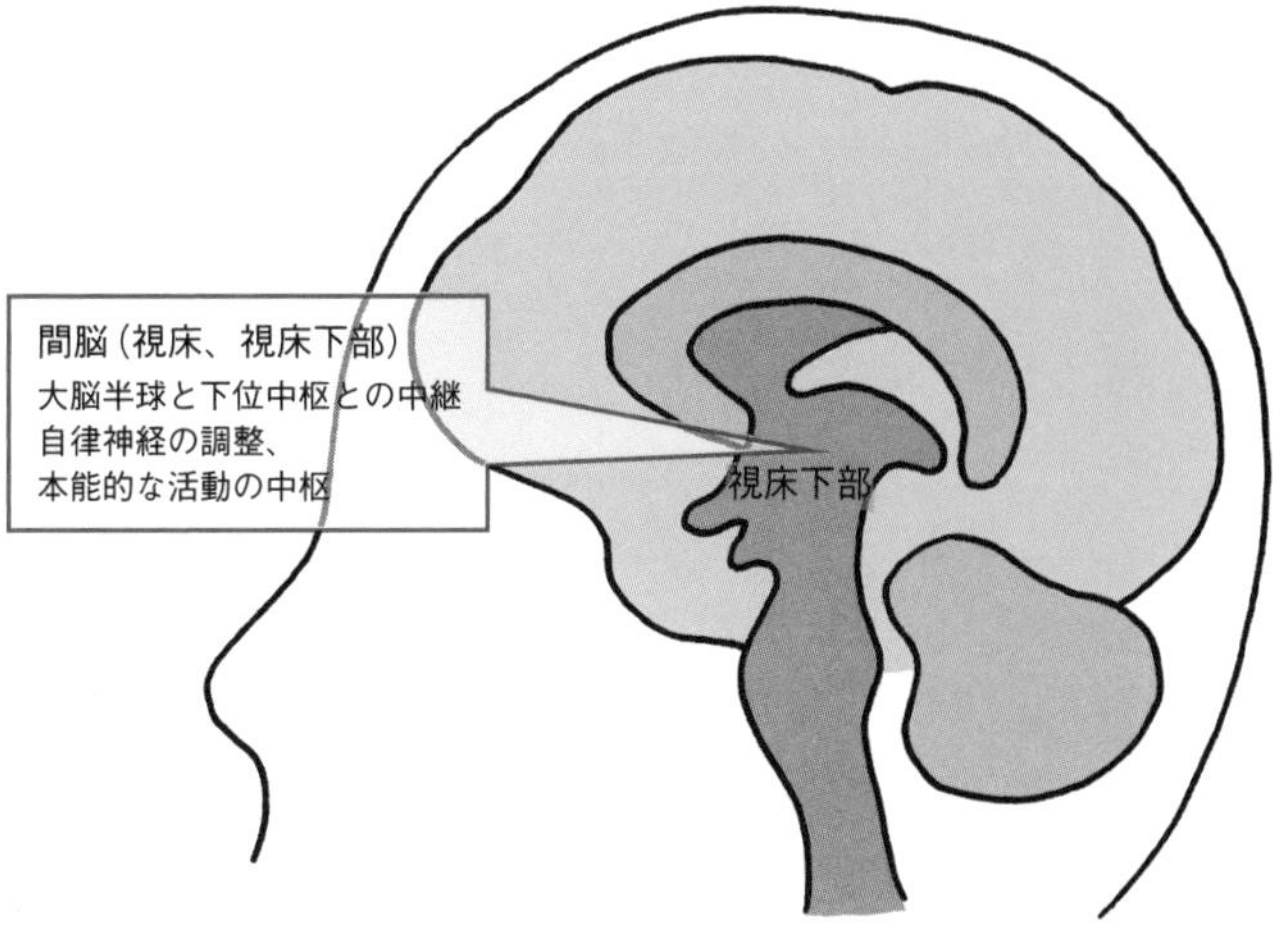
間脳（視床、視床下部）
大脳半球と下位中枢との中継
自律神経の調整、
本能的な活動の中枢
視床下部

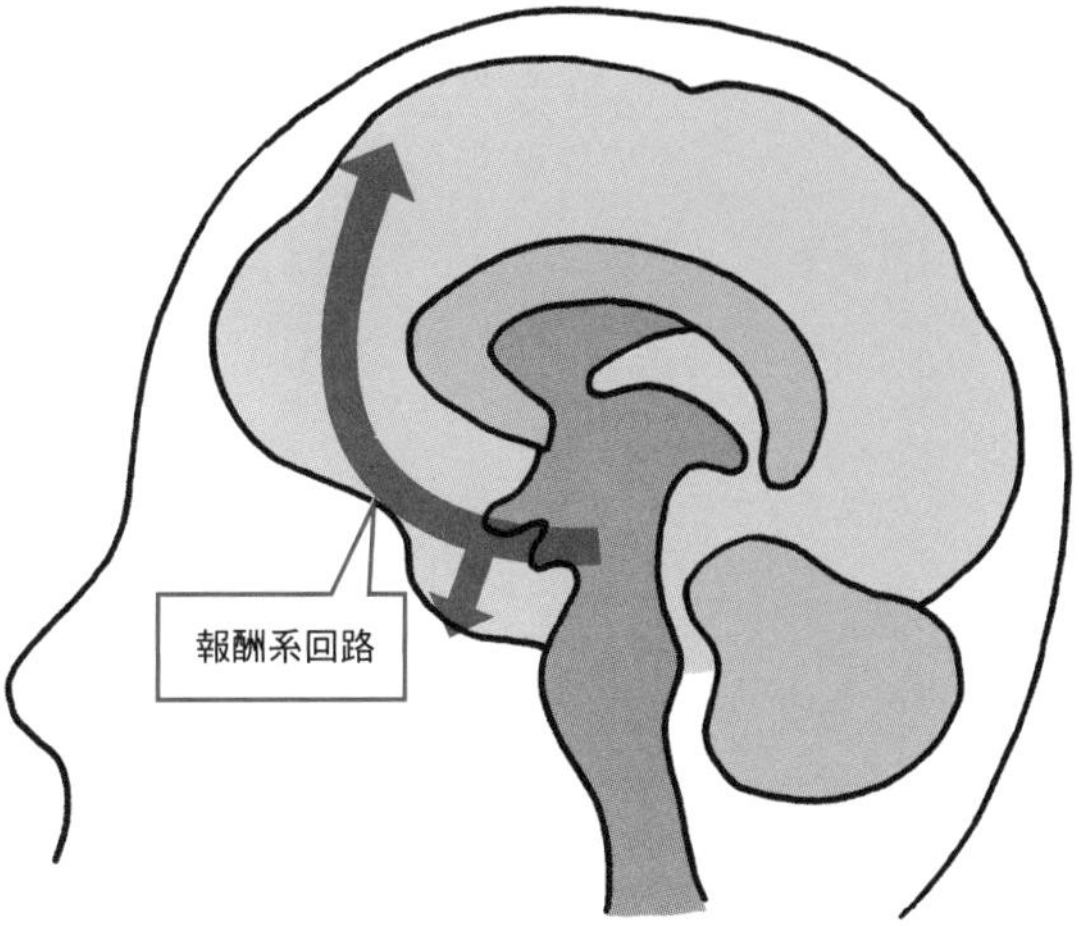
報酬系回路

この視床下部における食欲制御システムは、ネズミなどでも検証できることから、世界中で盛んに研究されています。したがって、まだ研究の余地はあるものの、視床下部における恒常性食欲制御のメカニズムに関してはかなり詳しくわかってきています。

ただ、この視床下部における食欲制御システムは「生きるための食欲の制御」ですから、本書で取り上げているダイエットとは関連が薄いことになります。

一方、報酬系食欲を制御する「報酬系」と呼ばれる部位は、脳の腹側被蓋野《ふくそくひがいや》(Ventral tegmental area：VTA)というところから始まって、大脳基底核の線条体合流部にある「側坐核《そくざかく》」という場所にいたる「神経の道筋」のことを指します。

「神経の道筋」について詳しく説明をしますと、「神経細胞」というのは、**樹状突起、細胞体、軸索という3つのパーツ**でできています(図2)。

脳における神経活動とは、コンピューターと同じく、「情報のインプット」「プ

図2

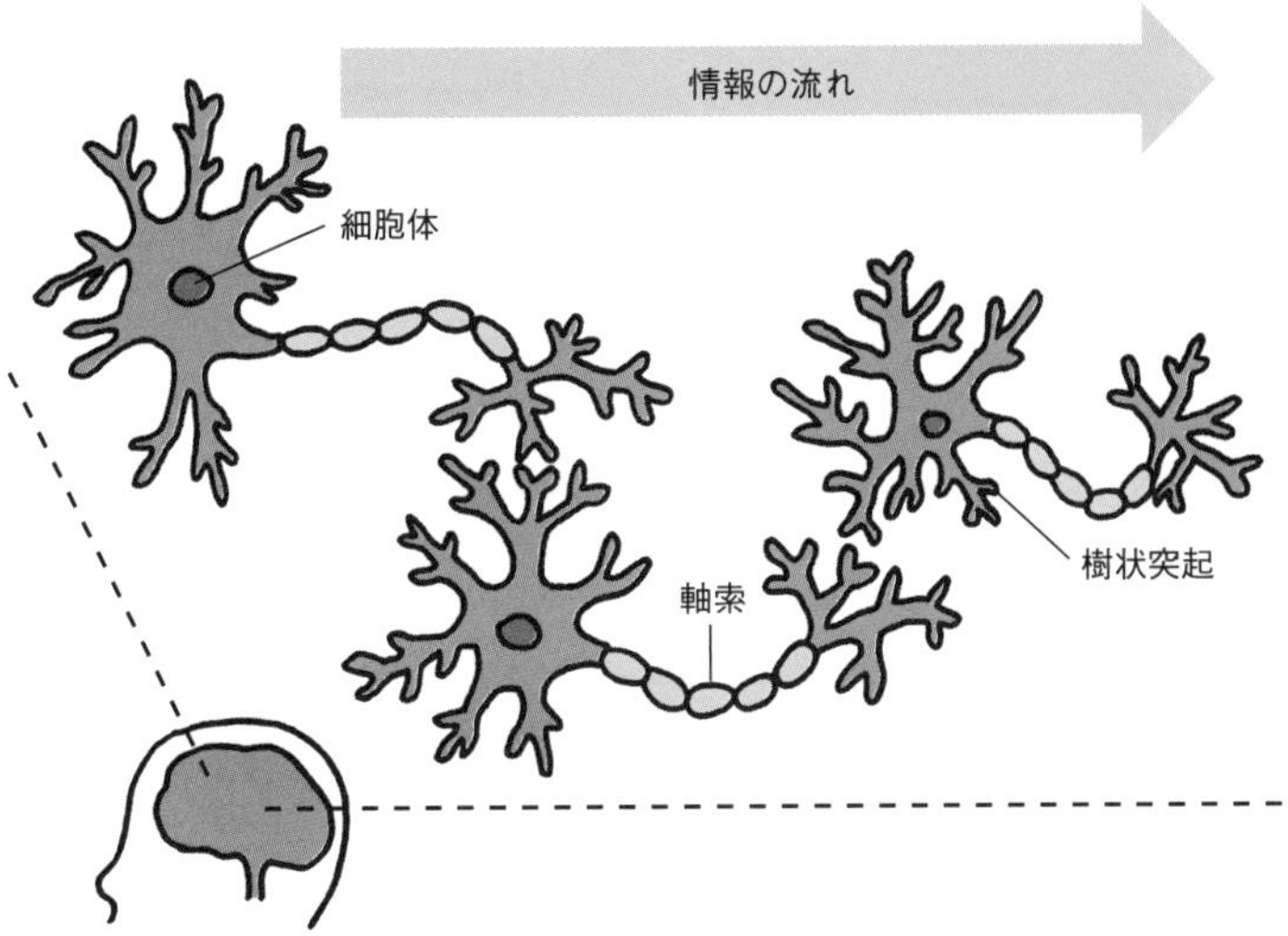

ロセス」「アウトプット」の三段階と考えてください。

情報は樹状突起を通じてインプットされます。

入ってきた情報は細胞体の中でプロセスされ、軸索を通じて次の神経細胞にアウトプットされます。

このとき、アウトプットは軸索の先端（シナプス）から放出されるさまざまな神経伝達物質を介して行われます。

報酬系の場合、ＶＴＡに存在する「ドーパミン」と呼ばれる神経伝達物質を含んだ神経細胞の活性化に始まり、軸索の長い投射先（つまり神経の道筋の先）

である側坐核にドーパミンを放出します。

この側坐核でのドーパミンの放出を受けると、人は快感を得るのです。

ですので、この報酬系回路のことを別名「快感回路」とも言います。

食事をすると、この報酬系回路が活性化して、快感を得ることができます。

だから、「お腹いっぱいだなあ」と感じても、快感を求めて食べてしまうのです。

さらには、ストレスが多い人に食べすぎてしまう傾向があるのも、このためです。

苦しい、つらいという思いを抱いたときに、いちばん手軽に気持ちよくなって自分を慰められるのが、「食べる」ことに伴って感じられる快感だからです。

食欲は、意志の力では決してコントロールできない

これでおわかりだと思いますが、**私たちが太ることのおもな原因は、こ**

の報酬系回路の責任なんです。

ならば、この報酬系回路さえコントロールできればやせられるじゃないか！　と言いたいところですが……事はそんなに簡単ではありません。

「食欲は意志の力ではコントロールできない」と前述しましたが、その科学的根拠がこの報酬系回路です。

報酬系回路は、食欲だけでなく、快感を伴うあらゆる行動に関与していると言っても過言ではありません。

そして、この**「快感」というものは、みなさんが思っている以上に動物を支配する力を持っている**のです。

「快感」とは、生き物にとってまさに根源的な欲求であり、「生きるための力」なのです。

それは、ネズミからヒトにいたるまで、**知性とは無関係に生き物を支配する**のです。

ネズミのような小動物に対しても、報酬系回路の刺激は力を発揮します。

ある恐ろしい実験があります。

ネズミの脳の報酬系回路に電極を埋め込み、それをネズミが前足で押すことのできるレバーにつなぎます。つまり、ネズミは前足でこのレバーを押すことで、自らの力で報酬系回路を活性化して快感を覚えられるようになります。

すると、どうなったと思いますか？

ネズミはすべてを忘れてレバーを押し続けるようになってしまったんです。

食事も水もとらずに押し続け、そのまま放っておいたら餓死《がし》寸前の状態にまでなったのです［2］。

それはネズミだったから、と考える方もいるかもしれません。

しかし、同様の現象は**人間においても確認**されています。

1970年代から80年代にかけて、電気刺激によって精神疾患《しっかん》の患者さんを治すという試みが行われたことがあります。その際に、この報酬系回路に電極が置かれてしまったことがあります。

その際、やはり人間でも、ネズミと同じようにすべてを忘れて電気刺激を求めるようになってしまったと報告されています。ひどい場合には、電気刺激のスイッチを押しすぎて指に潰瘍《かいよう》ができるほどだったそうです［3］。

食事制限がうまくいかない本当の理由

このように書くと、報酬系回路は恐ろしいものと感じるかもしれません。

しかし一方で、報酬系回路は恐ろしいばかりではありません。

なぜなら、この回路は**恋をしたときにも活性化される**からです［4］。

恋とは切なく、つらいものです。

しかし同時に、このうえない幸福感、つまり快感を引き起こします。

私など、学生時代からつねに、恋に落ちては振られることを繰り返しており、快感におぼれて毎日「恋」という名のレバーを押し続けています。

まさに**煩悩の生涯**です。

私のもっとも尊敬する映画、『男はつらいよ』の主人公である車寅次郎《くるまとらじろう》先生が恋に対して格言を残しておられます。

いいかい恋なんてそんな生易しいもんじゃないんだぞ。
飯食う時だってウンコをする時だって、
いつもその人のことで頭がいっぱいよ。
何かこう胸の中が柔らかーくなるような気持ちでさ……(中略)。
その人のためなら何でもしてやろう。
命だって惜しくない。
寅ちゃん、私のために死んでくれる?って言われたら
ありがとうと言ってすぐにでも死ねる。
それが恋というものじゃないだろうか?

(出典:松竹映画『男はつらいよ』公式サイト)

この格言、先ほど述べたネズミの実験と似ていることに気づきませんか？
「飯食う時だってウンコをする時だって、いつもその人のことで頭がいっぱいよ」
……つまり、それほど恋に夢中になってしまうという状態です。

この、**恋をしたときと同じメカニズムが報酬系の食欲では働いているわけです。**

意志の力で恋を止めることができますか？

糖尿病や肥満の治療で通院している患者さんのお話を聞くと、主治医が厳しくて病院に行くのが憂鬱《ゆううつ》だ、という意見をよく耳にします。

私は患者さんには絶対に怒らないことをモットーにしているので、こういったお話を聞くと同じ医師として恥ずかしく思います。

だいたいにおいて、患者さんに「食べすぎだ」とか「だらしない」と言っている医者に限って太っていたりします。**「鏡見てから言え」**と思います。

ここまで読んでいただいたみなさんならわかると思いますが、太りすぎを引き起こす食欲のもとは「報酬系回路」です。

つまり、恋と同じ。

絶対に抑えることはできません。

「恋することは、だらしないことですか？」

もし、恋する気持ちも自分で制御できる、と考えている医師がいたとしたら

「心が貧しいねえ」と言ってやりたくなります。

これでおわかりいただけたと思いますが、やせ薬がないのはここに理由があります。

じつは、脳の報酬系に働きかけて食欲を制御する薬は、欧米で一時期使用されたことがあります。

しかし、これらの薬には、なんと**「自殺を増やす」副作用**があったのです。

なぜなら、食欲を制御する薬は、報酬系回路、つまり快感を抑えてしまう作用

があったからです。

食事をすることだけでなく、恋をしたり、何かを楽しいと思ったりする気持ちが抑えられてしまうと、**人には生きている喜びがなくなってしまう**のです。

食欲が抑えられてダイエットに成功しても、「生きているのがイヤ」になったら元も子もありません。

さて、これで「恒常性食欲」と「報酬性食欲」というふたつの食欲のメカニズムが医学的によくわかったと思います。

そして、食事を制限するダイエットがうまくいかない理由もよくわかったと思います。

これらを踏まえたうえで、いままでみなさんが試みたダイエットがなぜ失敗したのかを、科学的に検証していきましょう。

ダイエットとの闘いに勝つためには、過去の失敗を分析して、その原因を見極めることがその第一歩となります。

オックスフォード式　最高のやせ方　目次

第2章

間違った知識が人を太らせる

第3章 究極のダイエット理論

第4章

実践編

本書籍の情報は、２０２１年９月１日現在のものです。

第1章

すべての
ダイエットを
検証する

── ○○ダイエットという幻想

そもそも、急激にやせることは体に悪い

多くのダイエットは、短期間に体重が減ることを売りにしています。

しかし、**急激な変化というのは、体に不必要な負担を強いる**ことになります。

ですので、「短期間で体重が減る」というのは、必ずしもいいことではありません。

まず、人間の体には**恒常性の維持**という働きがあります。

つまり、**急激な変化が起きると、もとの状態に戻ろうとする**のです。

ダイエットの場合だと、これを**「リバウンド」**と言います。

また、ある特定の食物だけ摂取するタイプのダイエットの場合、体の栄養バランスが著しく崩れて免疫機能が低下し、感染などに弱くなってしまうことがあり

ます。

さらに、急激に食事量を減らすようなダイエットをすると、疲労感が強くなり、日常生活を送ることがかえって困難になってしまうこともあります。

そもそも、この場合の**「急激に体重が減る」というのは、幻想である**ケースがあります。

急激に食事量を減らすと、血糖値が低下します。のちほど詳しく説明しますが、こういった状況下では、体は肝臓などに蓄えられている貯蔵糖（グリコーゲン）を糖（グルコース）に分解して血糖を維持しようとします。ただし、ざっくりと説明すると、このグルコースは水と一緒になる形で貯蔵されているので、分解されると水も放出されます。

つまり、このときに減少する体重というのは、**ただ単に水が抜けただけ**ということになります。

これはべつにやせたわけではありません。

だって、**贅肉は少しも減っていません**から。

ですから、**急激なダイエットというのは健康にとって何もいいことはない**のです。

糖質制限ダイエットという幻想

いま、大変人気のあるダイエット法です。

比較的短期で効果が現れやすく、また、方法もそれほど複雑でないことから、チャレンジする方も多いようです。

かなり高額な会費を支払って、糖質制限を主とした食事指導とジムでの運動指導を行うサービスも人気のようですね。

ただし、この糖質制限は、長期的視野と健康面から考えると、**安易に手を出**

すのは控えたほうがよさそうです。

もちろん、効果がないとは言いません。

たしかに現代の日本人の食事は糖質過多の傾向にあり、健全な量まで糖質量を減らすことは私も賛成です（実際に、本書では第4章の「実践編」で糖質過多にならない食事のとり方について解説します）。

さて、この糖質制限という言葉ですが、「糖質」といっても「甘いもの」という意味ではありません。

ごはんやパン、麺類などの炭水化物など、**「糖がつながってできている食べ物」**をすべて制限するのが糖質制限ダイエットです。

ここで、ごはんやパンなどが「糖の集合体」であることを説明するために、私があまり好きではない友人に登場してもらいます。

彼はいわゆる、おしゃれでかっこいい中年男性です。

同年配だけでなく、若い女性などからも大変に人気がある人物ですが、私にはなんで彼がこんなに人気があるのかまったくわかりません。

ちょっとばかし顔立ちが整っていて、背が高くて、おしゃれで洗練された洋服を着ているだけです。どこがいいのかまったくわかりません。本当に謎です。

また、彼は**うっとうしいことに食通**でもあります。

ワインを飲んじゃあ、グダグダとうんちくを語ります。

私は聞いていてもうっとうしく感じるだけですが、彼のワイン語りは、不思議とみんなの注目と尊敬を集めたりしています。

私は味オンチで、**ぶどうジュースとワインの区別もつかない**ので、彼のワインのうんちく語りのどこがいいのかさっぱりわかりません。

悔しいので、私もみんなの前でワインをひと口すすってから、とりあえず**「深いね」**と言ってみたことがありますが、周囲から冷たい目で見られました。なんでだろう。

そんな彼と仲間たちで、ちょっと高級な日本料理店に行ったことがあります。

出てきた和食は大変おいしく、私はなかでもおいしい白米をむさぼるように食べていました。

すると彼は、上品に箸で米をすくい取り、口に運び、ゆっくりと時間をかけて噛みしめるように食べて、「ふうっ」とひと息つきました。

そして、

「さすが国産米だ。噛めば噛むほど米本来の甘さが感じられる」

と、遠くを見つめてつぶやくように言いました。

周囲のみんなは「なるほど……」と尊敬の目で彼を見ています。

だから私は言ってやりました。

「当たり前だろ、**米なんだから。米を口の中でずっと噛んでりゃあ唾液中の酵素のアミラーゼがつながっている糖質を分解して糖を作り出すから甘く感じるんだよ**」

そのあと、みんなが私を見る目が心なしか冷たかった気が……なんでだろう。

つまり、炭水化物は甘くないように感じますが、これは**糖がつながってい**

るので舌が「甘い」と感じないだけです。

私の友人のように、ずっと噛んでいて米が唾液中の酵素でバラバラになれば、糖分としての甘味を感じることができます。

同じように、米などの炭水化物は、体の中で唾液をはじめとする消化酵素によって分解されると、最終的に一個の糖（グルコース）に分解されて、体の血液の中に取り込まれます。

ですから、「糖質」というのは、口に入れたときの味覚によって判断されるのではありません。

糖質制限ダイエットのやせる仕組みとは？

さて、この糖質を含む炭水化物を制限するとなぜやせるのか？

この鍵を握るのが、インスリンです。

じつは、このインスリン分泌のメカニズムの研究が、私の専門です。

インスリンは、血液中の糖分（血糖）を下げるホルモンです。

糖尿病は血糖が高くなってしまう病気ですが、その治療法のひとつとしてインスリンの注射があることはよく知られています。

本来、インスリンはすい臓のベータ細胞というところから分泌されます。

詳細は省きますが、ベータ細胞は血液の中に含まれる糖分の量を、じつにエレガントな方法で感知することができます。

そして、感知した糖の量に応じてインスリンを分泌するわけです。

たとえば、ケーキを丸ごと1個食べれば当然血糖は高くなりますが、その上昇した血糖を下げるために、ベータ細胞は大量のインスリンを出します。

逆に、ちょっと甘味のあるドレッシングを少量かけたサラダを食べた場合には、それほど血糖は上昇しません。その場合には、ベータ細胞は少しだけインスリンを分泌します。

インスリンが血糖を下げるのはわかったと思いますが、具体的には血液の中の糖をどうしてしまうのでしょうか？

手品のように消してしまうわけではありません。

インスリンとは「鍵」と考えるとわかりやすいと思います。


糖とは、そもそも**体を動かすためのエネルギー源、つまり燃料**です。

食事とは、体を動かす燃料を、口を通じて体の中に取り込む作業なのです。

そして、腸管から血中に取り込まれたこの貴重な燃料を、必要とする臓器に運んでいくのが血管です。


さて、燃料を必要としている臓器に届いたら、その臓器（臓器を構成する細胞）の中に糖が入って初めて燃料として機能します。

そのとき、細胞の表面にある糖が通ることのできる扉（グルコース輸送担体：ＧＬＵＴ）を開く鍵になるのがインスリンです。

正確にはもう少し複雑なのですが、まあ、ざっくりとこんな感じに理解してください。

そして、たとえば筋肉では、こうして細胞内に入ってきた糖を代謝することでエネルギー物質（ATP：あとで説明します）を作り出し、筋肉を動かすことができるわけです。

ですから、本来であれば、**糖は体を動かすエネルギーとして使われて、消費されていくだけ**です。

ただし、もし体を動かす（生きる）ために必要な量以上の糖分を摂取した場合、糖は余分なエネルギーとして肝臓または脂肪細胞の中に保存されます。

必要以上の糖分を摂取した場合に「太る」とは、このことです。

ですから、炭水化物も含めて、余分な糖分をとらなければいい、というのが糖質制限です。

先にも記しましたが、そもそも現代の日本は飽食状態にあり、必要以上に炭水化物をとっていることは事実で、それを「適正量の糖質摂取に是正する」という意味での糖質制限に関しては私も反対ではありません。

ただし、現在盛んに行われている「糖質制限ダイエット」は、**かなり過激なやり方**だと思います。

糖質制限ダイエットの真実

ではここで、最近の過激な糖質制限の方法をよく見ていきましょう。

まず、**糖質制限の度合いが半端ない！**

たとえば、糖質制限と運動指導を行う会社の糖質制限はなんと、「糖質摂取量を一日あたり50グラム以下に抑える」としています。

通常、**成人が摂取するべき一日あたりの糖質量は、200から300グラム**です。

つまり、この糖質制限ダイエット法では、必要量の20パーセント前後にまで糖質を制限しています。

しかし一方で、「タンパク質と脂質を多めに摂取することで、空腹感を是正して持続可能なダイエットとなる」としています。

「こんなに糖摂取を制限して大丈夫なのか」という疑問に対しては、「体は必要な糖質を食事に頼らず体内で作って血糖値を一定にする仕組みがある（から大丈夫）」と説明しています。

また、この方法は、太ることのすべての原因を糖質であると考えています。

この方法を推奨する人たちは、「体はエネルギー源として糖質（血糖）→脂質（体脂肪）の順番で使用する。食事から糖質をとっているあいだは、食事の糖質が最初に使われるから脂質（脂肪）が燃えにくい。だから糖質の摂取をなくしてしまえば脂質（脂肪）が燃えてやせる」と説明しています。

聞いた感じは、もっともな理屈ですばらしいダイエット法に思えます。

でも……もしこのダイエット法が完璧なら、人類は肥満の問題から完全に解放されているはずです。

また、専属のトレーナーに指導してもらうために毎月高額な費用を払わなければいけないという状況は、現実的な「持続可能なダイエット」とは言い難いです。

では、このダイエットの問題点を考えてみましょう。

まず、糖質をとらないので、筋肉でのエネルギー源として糖質の使用が制限されます。

すると、疲労感が強くなります。

筋肉を動かすためには、「筋肉での電気活動」とそれに伴う「カルシウムイオン放出と取り込み」が必須です。

この、電気活動とカルシウムの制御を行っているのが、本書でも注目する**貯蔵糖である「グリコーゲン」**です。

グリコーゲンは糖質から作られ、筋原線維のあいだと筋線維膜の直下に存在しています［5］。

厳密な糖質制限ダイエットでは、専属トレーナーによる筋トレがセットになっています。筋トレをはじめとした運動をすると、このグリコーゲンがエネルギー源として使用されてしまいます。

運動後に疲労感が強くなるのは、このグリコーゲンの量が少なくなるからです。

ですから、プロスポーツの世界で、アスリートにとって重要なのは、**「運動後、いかに効率よく速やかにグリコーゲンを補充するか」**ということになります。

グリコーゲンの補充は、疲労回復だけでなく、筋肉の分解も抑制します。

「糖質をとらなければ脂質が燃える」は大きな間違い

では、どのように筋肉グリコーゲンを回復するかというと、**速やかな糖質の摂取**です［6］［7］。

過激な糖質制限ダイエットでは、この部分に関しては前述のように「体は必要な糖質を食事に頼らず体内で作って血糖値を一定にする仕組みがある」としています。

これはおそらく、肝臓などでおもに行われる**「糖新生」**という仕組みのことを言っているのでしょう。
血糖が低下した際に、乳酸やアミノ酸などの糖以外の物質から糖を作り、血糖値を維持するメカニズムのことです。

極端な糖質制限ダイエットを推奨する人は、アミノ酸からできているタンパク質は自由に摂取できているから、アミノ酸は体内に充分に存在し、血糖が低くてもアミノ酸を材料にして糖新生が起きて糖を作ってくれるから問題ない、と考えているようです。

しかし、糖新生が起きるには、グルカゴンというホルモンが働き、さらに脳における血糖ならびにインスリンの感知など、一定の条件が整う必要があります［8］。

運動時にはアドレナリンの放出などもあり、血糖はもともと低下しにくい状況が整っていますので、糖質制限ダイエットの一環で、ジムなどで運動したあとに**すぐに糖新生が始まるとは考えにくい**ことになります。

しかし、糖質摂取が極限まで抑制されているので、体の栄養源である糖分をなんとかほかのアミノ酸などから作ろうとすることで、通常の食事をしている場合と比べると糖新生が活発になっているとはたしかに考えられます。

その証拠に、動物実験で糖質制限を行うと、糖新生が行われるおもな臓器である肝臓が肥大していることが確認されています。

臓器が大きくなるということは、**過度の負荷が臓器にかかっている**ことを意味している場合が多いので、これは**よくない兆候**です。

ちなみに、糖質制限ダイエットを行ったマウスでは、肝臓だけでなく腎臓も肥大していることが確認されています。

さらに、「体はエネルギー源として糖質（血糖）→脂質（体脂肪）の順番で使用する。食事から糖質をとっているあいだは食事の糖質が最初に使われるから脂質（脂肪）が燃えにくい。だから糖質の摂取をなくしてしまえば脂質（脂肪）が燃えてやせる」というのは**大きな間違い**です。

のちほど細かく説明しますが、体はエネルギー源として、糖、脂質などを**同時に消費し始めます。**機械のように順番に使うようにはできていません。

ダイエット法はいろいろありますが、体の中の代謝系について都合のいい部分を抜き出して解釈すると、もっともらしく聞こえることがあります。

しかし、生体の代謝を長年研究していると、体というのはじつに複雑にできていて、そう単純には割り切れないことを思い知らされます。

生物の体には柔軟性というものがあるのです。

つねにいくつかのファクター（いくつかのエネルギー源）を使うことによって、生命活動が滞《とどこお》りなく続くように作られています。

それは、エネルギーを燃やすということだけに限りません。

感染症に対する免疫反応も、さまざまな体の防御機序が細菌やウイルスに対して柔軟に対抗することで体を守っています。

これはみなさんも感覚的にわかると思います。

たとえば戦争で敵が攻めてきたとしたら、あなたならどうしますか？

まずは刀で戦って、それがだめなら槍《やり》、それでもだめなら鉄砲で……なんてしますか？

これでは、敵が最初から戦車で攻めてきたらあなたはおしまいです。

敵にどんな兵器で攻められても負けないように、刀も鉄砲も持ちつつ、戦車、戦闘機などあらゆる兵器を同時に準備していたほうが勝つ確率が高いですよね。

人間の体も同じです。

飢餓《きが》のなかに置かれたとしましょう。

明日、何が食べられるかわからない状況のなかでは、ひとつのエネルギー源を枯渇するまで使ってしまうより、体の中に蓄えられたいろいろな種類のエネルギー源を少しずつ同時に使うのが合理的でしょう。

この本では、何かひとつの栄養素を制限することで脂肪を燃やす、というのではなく、こういった体の持つ柔軟性を前提として、いかに脂肪を燃やしやすい体を作るかに重点をおいて解説します。乞うご期待。

糖質制限ダイエットの歴史と落とし穴

さて、この糖質制限ダイエットですが、日本では前述のようにやたらと厳しい糖質制限法が流行っているみたいですが、もともと欧米では一日の糖質摂取量の45パーセント程度まで糖質を控えるダイエットのことを「糖質制限ダイエット」と言っていたようです。

この方法は意外に歴史が古く、有名になったのは1972年にロバート・アトキンスが発表した書籍『アトキンス博士のローカーボダイエット（Dr. Atkins' Diet Revolution）』によります。

アトキンスは、もともと循環器が専門の内科医です。栄養学や代謝学、肥満や糖尿病の専門家ではありません。

正確に言うと、彼の有名なこの書籍の『アトキンス博士のローカーボダイエット』という邦題は、ちょっと問題がある翻訳です。

アトキンス氏は医師（MD）の資格は持っていますが、博士（PhD）ではありません。

何やら嫌みったらしく聞こえるかもしれませんが、このあたりは欧米では厳密に区別されます。

ですから、正確に訳すなら『アトキンス先生のローカーボダイエット』となります。


アトキンス医師は臨床医ではありますが、医学研究の経験はほぼなく、学術論文としては低糖質ダイエット法を発表していません。

彼のダイエット法は、すべて一般向けの書籍で発表されています。

しかし、彼の糖質制限ダイエットは彼オリジナルのアイデアではなく、1953年にアルフレッド・ペニントンが発表したものによります［9］。

アトキンス医師は、もともと100キロ近く体重があり、ペニントンの論文に基づいて自ら糖質制限ダイエットをしたところ減量に成功し、その成果を一般向けに書籍として刊行しました。

アトキンス医師の糖質制限ダイエットのユニークなところは、タンパク質と脂質は無制限に食べていいというところです。

日本で流行中の糖質制限ダイエットでもそういった解釈がなされている部分があるみたいですけど……このやり方、**欧米ではとても受け入れやすいんです。**

私はオックスフォード大学で働いていたとき、イギリスに8年住んでいましたが、現地の食事……とても大好きです。「イギリスの食事はまずい」とよく言われますが、とんでもない！

私には、メチャクチャうまかったです。

いやあ、**何を食べても油でギトギトで、最高にうまい**んです！

有名なフィッシュ&チップス……食べ終わると、リップにグロスを塗ったかのようです。あと、夜の街角に駐車している屋台（バン）で売っているケバブ……もう最高！　ラムチョップ……うんまい！　朝飯の油ギトギトのベーコンに黒いブラックプディング、卵焼きはもはや油の芸術です。それと、鉄板に油ひいて食パンを炒めたやつ……何あれ……パン炒めちゃダメでしょ……もうそれはいけませんよ……でも、**超うめえええ！　また食いてえええええ！**

じつは私、日本の大学医学部名物の、医局員を駒のように扱うと申しますか、上司の権力闘争に巻き込まれたっていうんですか？

とにかく、そういった事情で日本の大学の研究室を辞めることになったんです。それで、「絶対にやつらを見返してやる！」と思って、英国に渡ってオックスフォード大学にまともな業績も推薦状もないのに、**押しかけ女房**みたいに押しかけて無理やり就職したんです。

だから給料は激安でしたし、仕事は超ハード……だって、研究成果を出し続けないとすぐにクビになっちゃう環境だったんですから。

これが8年も続いたんですよおおおお！

こういった環境にずっといると、とにかくストレスがたまるんですぅ。

そういうとき、さっき言った報酬系回路を気持ちよくしてくれるのが脂っこい食事……でもって、お財布にも優しいし。

だから、つらかったんですけど、あのころ食べた安い脂っこい食事の数々……楽しかった唯一の思い出なんです……。

ですから欧米の人は、パンやパスタ、甘いケーキやアイスが食べられなくても、脂っこい食事がとれればなんとか報酬系もごまかせて、ダイエットにいそしむことができるのです。

ただ、これには大変な落とし穴があるんです。

心血管系がやられるんです。

私自身、イギリスで油ギトギト料理を「うまいうまい、気持ちいい」って食べ続けてどうなったかというと……まず**大変に太りました**。加えて**血圧が急上昇したんです**。

最初は、血圧が上がったのは太ったからだと思って、毎日走りました（運動でやせるにはコツがあります。本書ではそのコツも含めて運動でやせる仕組みを説明しますが、これはあとで）。

その結果、体重は落ちましたが、血圧はというと、30代だというのに、上は160㎜Hgを軽く超えていました。

つまり、脂質の過剰摂取は心血管系をむしばんでしまい、動脈硬化などを引き起こす原因になってしまうのです（現在は、私の血圧は正常に戻っています）。

皮肉なことに、アトキンス医師も**減量には成功したものの、晩年にはうっ血性心不全と高血圧に悩まされて**いました。

もちろん、アトキンス医師の病状が、すべて糖質制限ダイエットが原因だった、と証明することはできません。

ただ、健康的な減量に成功したのだとしたら、72歳でお亡くなりになったのは、少し早かったのではないかとは言えるかもしれません。

糖質制限ダイエットが心血管系に対してネガティブな効果があり、死亡率を高める可能性は、じつはすでに学術論文として発表されています［10］［11］［12］。

妊婦、もしくは妊娠の予定がある女性が厳格な糖質制限ダイエットを行った場合には、生まれる赤ちゃんに脊椎《せきつい》披裂や無脳症などの脳への障害を起こす可能性があるというショッキングな報告すらあります［13］。

糖質制限ダイエットが短期でやせる理由

糖質制限ダイエットは、短期的には効果があることは間違いありません。臨床研究においても数多く報告されています。

糖質制限ダイエット開始後、体重が減少し血糖値が改善する〔14〕〔15〕、カロリー消費量が上がる〔16〕、女性においては血管の弾力性が増す〔15〕という報告もあります。

ただし、なぜ短期的にやせるのかについてですが、これがよく言われている「糖質という悪者をなくしたから」というわけではどうもなさそうです。

もちろん、糖質を制限することでインスリン抵抗性の解除が起きることは医師・科学者のあいだでも常識的に捉えられているので、短期的痩身効果の一部は担っているとは思います。

しかしながら、厳密にそのメカニズムの検証を行った研究によると、これはやはり以前から言われていた**総摂取カロリー量の減少が体重減少を引き起こしている**ということのようです。

どういうことかと言いますと、糖質を制限してタンパク質を中心に食べるようにすると、食欲が抑えられて、結果的に一日に摂取する食べ物の総カロリー量が減少するということがわかってきたということです。

つまり、その実態は**「糖質制限ダイエット」ではなく「高タンパク低カロリーダイエット」**だったということです。

糖質制限ダイエットが短期的にやせる理由で、もうひとつわかっていることがあります。

それは、**「食後誘発性熱産生の増加」**です。

ごはんを食べたあとに体が熱くなることがありますよね。あれです。

これは、食べ物を噛むときや消化・吸収するときに、内臓が動いて産生する熱がもとになっています。

バカにできないのは、この**食後誘発性熱産生は、一日のカロリー消費量のうちの10パーセント近くを占めているということです。**

糖質制限食（というより高タンパク食）を食べると、炭水化物より消化・吸収に時間がかかります。その結果、食後誘発性熱産生が高まり、カロリー消費量が増加していることがわかっています［17］。

つまり、糖質制限ダイエットの短期効果とは、結果的に、**摂取カロリー量の減少と消費カロリー量の増加**、という従来の体重制御の考え方で説明できそうです。

糖質制限ダイエットは必ずリバウンドする

糖質制限ダイエットの最大の問題点は、**持続ができない**、ということです。

実際に体験した方も多いと思いますが、糖質制限ダイエットが長期的には減った体重を維持できないことは、すでに医学研究の世界ではよく知られています。

短期的に効果があっても、一年後にはほとんどの人がもとに戻ってしまうことが明らかになっています。**体重だけでなく、血糖値や血管に与える影響ももとに戻ってしまう**ことが報告されています［1］［14］［18］［19］。

糖質制限ダイエットの場合、**リバウンドが不可避である**ことはどうやら間違いなさそうです。

その原因としてはいくつか考えられますが、前述した報酬系の問題があると思われます。

糖質制限ダイエットは、糖質摂取を極限まで抑制します。

糖質は報酬系を刺激して快感、つまり幸福を与えてくれます。

幸福がない生活は、人間にはとても難しいのです。

生きていればストレスを感じることは、絶対にあります。そういったとき、人はなんらかの方法で快感を覚えて、ストレスから一時的に心と体を解放する必要があります。

いちばん簡単な快感の感じ方、つまり報酬系の活性化は、**糖質を摂取する**

こと、つまり食べることです。

誕生日や結婚式など、幸せを演出するときは必ず甘いものを食べますよね。

これは、人間のなかに埋め込まれた仕組みなんです。人為的に意志で押さえつけることはできません。

これが、**糖質制限ダイエットが長期的にはうまくいかない理由**です。


いろいろと書き連ねてきましたが、糖質制限ダイエット信奉者の方には闇討《やみう》ちされそうな内容です。

短期間でどうしても一時的にやせる必要がある場合（結婚式が近いなど）であれば、糖質制限ダイエットは効果的かもしれません。

ただし、本書の読者のみなさんが挑戦するのであれば、あまりお勧めできないダイエット法と言っていいかと思います。

間欠的ファスティングダイエットという幻想

最近流行しているもうひとつのダイエット法に、間欠的ファスティングダイエットがあります。

メディアなどで取り上げられている広く知られた方法は、「一日おきに断食する」というものです。

この方法を推薦する人たちの記述によると、「科学的に証明された方法」であり「絶食をしない日は好きなだけ食べられるからつらくない」とされています。

いやあ、恐ろしいなあと思います。

インターネット上の情報だけを信じてしまうことの恐ろしさに、「自分にとって都合のいい情報だけを集めて真実と確信してしまう」というのが挙げられます。現在、報道されている陰謀論の信奉者というのは、こういう特徴が顕著《けんちょ》だとかなんとか。

さて、この間欠的ファスティングダイエットを推奨している人の言葉を見ると、人間というものが、「いかに自分にとって都合のいい情報だけを取捨選択してしまうか」ということをよく表しています。

このダイエットは、ちまたでは「一日おきに絶食を行い、食べていい日は好きなだけ食べていい」と言われています。

実践されたことのある方もいるのではないでしょうか？

じつは医学的には、間欠的ファスティングダイエットとは「一日おきの絶食」ではありません。

ヒトを対象に医学的に検討されている間欠的ファスティングダイエットは、以下の2通りです。

●一日のなかで食事をする時間を、6時間から8時間以内に収める（残りの時間は、水分以外は摂取しない）

または

●5日間のうち、2日は1食しかとらない

つまり、医学的な見地から行う間欠的ファスティングダイエットとは、完全に食べない日を作るのでなく、**一日のなかに空腹（Fasted）な時間を作るダイエットのこと**です。

じつはこの医学的間欠的ファスティングダイエット法は、たしかに「効果があるダイエット法」です。

なので、今回この本で提案しているダイエット法にも取り入れています。

この医学的間欠的ファスティングダイエットが成功するメカニズムも、ある程度わかっています。

一日のうちに空腹な状態を作ることで、体は飢餓に近い状態を作り出します。すると、全身の代謝の状態に変化が起きて、糖分よりも脂質成分をエネルギー源として使うことを優先するようになります。

その結果、体重だけでなく、条件つきではありますが、血糖や血圧、さらには血中の脂質の値も改善することが報告されています[20]。

さて、ここからが恐ろしいところです。

ちまたで言われている、間違った「間欠的ファスティングダイエット」、つまり「一日おき断食」の本当の姿です。

この方法は、正確には前述の医学的な「間欠的ファスティングダイエット」とは異なります。

ここからは区別して「一日おき断食法」とします。

「一日おき断食法」の元ネタの真実

この方法が注目を集めたのは、2019年にオーストリアの研究グループが一流学術誌「Cell Metabolism」に論文を発表してからです[21]。

ネットを中心に日本でも紹介されて話題になりました。

とくに、医師を含む医療関係者がこの話題を多く取り上げました。

客観的に見て、「Cell Metabolism」はレベルの高い学術論文が掲載される学術専門誌です。

そこに発表された論文では、「36時間完全に断食をしたのち、12時間にわたって好きなだけ制限なしで食べていい」というダイエット法を行ったところ、全体のカロリー摂取量が減り、4週間後には平均して3・5キロの減量に成功したと報告されました。

それだけではありません。

加齢や炎症を示すバイオマーカーの値が低下した、コレステロール値を改善した、内臓脂肪を減少させた……。

わーお。

人類はついに究極のダイエット法を手にした！

と、最初は思ってしまいました。

私もすぐに患者さんたちの治療に応用しようかと思いました。

ただ……私には不思議な能力がありまして……自分に危機的な状況が迫ると、頭の後ろのほうで「びぃいい、びぃいい」って警告が鳴るような感覚が起きるんです。

若かりし研修医のころ、この警告音が鳴ったことがあります。

そのときは飲み会でとても美しい女性に迫られていたのですが……警告音に従って遠慮しました。しばらく後悔していましたが……あとでその女性と深い関係になっていたらとんでもない事態に陥るところだったと知り、背筋が寒くなりました。

それ以来、この警告音が聞こえたときは従うことにしています。

この論文を初めて読んだときも、警告音が聞こえたような気がしました。

まず、論文の題名をよく読むべきです。

「Alternate day fasting improves physiological and molecular markers of aging in healthy, non-obese humans.」

最後のところをよーく見てください。

「non-obese human」。

そうです。**「非肥満者」**です。

この研究、**太っていない人を対象に行った研究**なんです。

太ってない人の体重落としてどうすんだよ！

加えて、一日絶食したあとに好きなだけ食べていい、という点も気になりました。

絶食後に急に食べると、早食いになります。すると、もっとも手軽にエネルギーが補充できる炭水化物や糖分から食べ始めることになります。となると、栄養バランスが崩れかねません。

早食いはダイエットの大敵と言いますが、究極にお腹がすいているときに、悠長《ゆうちょう》に「よく噛んでゆっくり食べる」なんてできません。

私は大学時代、陸上部に所属していました。

決して足は速くなかったですし、部活に熱心でもありませんでした。

まあ医学部の運動部ですから……なんちゃって陸上部のノリです。

でも、マネージャーの女の子の前ではかっこつけたかったから、それなりに練習に参加はしていました。

練習のあと、腹ペコになって帰宅途中に牛丼屋に寄るのは至福のときでした。

当時の主食は牛丼だったと言っても過言ではありません。

「大盛り、味噌汁、卵をつけて、んでもってお新香」を注文して目の前に並んだときには、完全に視野《しや》狭窄《きょうさく》です。

もう牛丼しか見えない……！

一気呵成に、飲み物のごとく牛丼をかっこんでいました。

ちょっと運動したくらいの空腹感で、この始末です。

一日絶食したあとの食事で食べたいだけ食べていい、って言われたらどうなります？

「一日おき断食法」を行うと内臓脂肪を維持してしまう

この論文がおかしい、と思ったのはそれだけではありません。

この方法は、イスラム教徒が行うラマダーンとほとんど同じです。

ラマダーンでは、約1カ月間、日の出から日没までのあいだ、断食を行います。そして日没後、次の夜明けまでに一日分の食事をとります。

この論文の、**「一日おき断食」と極めて似ている方法**です。

ラマダーンを行うと、体重が1キログラム程度減少することは以前からよく知られていました[22][23]。

しかし、いずれの報告もラマダーン期間が終了すると体重が戻ってしまう、ということを問題点として指摘しており、ダイエットとして間欠的に断食することを否定的に捉えています。

そして、このオーストリアの研究者たちが「Cell Metabolism」誌に発表した論文の最大のオチですが……考察部分の最後の一文です。

「『一日おき断食』の効果を最大限に引き出すには、バランスの取れた食事が望ましいと思われる。『一日おき断食』を開始する前に、健康的な生活習慣を身につけることが大事である」

とされています。

つまり**「このダイエット法より、健康的な生活習慣を実践することのほうが大事ですよ」**と、論文の著者たちが訴えているわけです。

この論文は、「こういった方法もありなんじゃないの？」というのを科学的に調査・検証した論文、ということになります。それはそれで学問的な価値は高い研究ですが、ダイエットとは別次元の内容を論じたものです。

そして、一日おき断食のダイエット法にとどめを刺す論文が発表されました。

なんと、**一日おき断食を行った場合、「ぽっこりお腹」の原因である内臓脂肪を逆に維持することになる**ことが報告されました[24]。

どういうことかというと、一日おきに断食することによって、体は飢餓の状態になったと勘違いします。

そのため、

●断食しているあいだは内臓脂肪を燃焼しにくくなる

●断食のあいだの食べてもいい日には大量に食べるため、体はやっと入ってきた栄養を次の飢餓に備えて脂肪として蓄えようとするようになる

ということがわかったのです。

つまり、一日おき断食法はそのネタ元になった論文からして、決してこのダイエット法を勧めているわけではなく、またそのダイエット効果に対しても疑問が持たれていることになります。

ウォーキングダイエットの幻想

食事の制限によるダイエットはとにかくきついし、生理学的にも食事制限というのは無理です。

だから運動でやせたい……でも激しい運動は無理……。

そんな人が試したくなるのが、ウォーキングダイエットだと思います。

「歩くくらいならできるかも……」

そのとおりです。

本書も、ウォーキングダイエットを部分的に取り入れた方法をこのあとご紹介します。

でも、**ウォーキングだけではやせない**んです……。

運動でやせる、というのは、「消費カロリーを増やせばやせる」という理屈です。

理屈はもっともです。

ただ、ここに忘れがちなもうひとつの条件があります。

それは、「摂取カロリーは増やさないこと」ということです。

そうか、運動したあと食べなければいいのか！　と思わないでください。

運動と食事はセットなんです。切り離すことはできない、それが体の仕組みです。

間欠的ファスティングダイエットの項で、私自身、部活動の練習のあとに牛丼をとり憑《つ》かれたように食べていたお話をしました。

みなさんも経験したことないですか？

中学校や高校の部活動のあと、帰り道で食べた肉屋のコロッケのうまさ……青春だなぁ。あぁ、青春よ再び……。

この運動後の食事については、学術的にも証明されています。

つまり、**運動をする時間が長いほど、そのあとに摂取する食事のカロリー数は増大する**ことが確認されています［25］。

当然と言えば当然です。

体がエネルギーを使えば、それを補おうとするから食べる。

生きているからこその生理現象です。生理現象には勝てません。

だから、運動して、そのあとお腹がすいても食べない、なんて無謀なダイエットはしないでください。

1日か2日であればできるかもしれませんが、絶対に3日目には挫折しますから！

ごはんをおかわりしたら一日の運動分がチャラになる

もうひとつ、ウォーキングなどでやせないのは、**「運動」によるカロリー消費の効率が悪いから**です。

運動に伴う体重減少効果は、ジョギング程度の運動を毎日1時間した場合、1年間で5キロ程度の減量が期待できるとされています。しかも、食事療法を併用して、という条件付きになります。

毎日1時間のジョギングというのは、結構大変です。これで消費されるカロリーは、ざっくりと500キロカロリー程度です。

これに対して、ごはん1杯がだいたい240キロカロリーくらいとして、1杯食べたら運動の効果半減、**おかわりしちゃったら一日の運動分食べたこと**になってしまいます。

さらには、これで減量に成功したとしても、今度はリバウンドをしないようにしなければいけません。

運動による体重増加予防効果については、週に800キロカロリー運動するとして、年間あたり1キロ未満です[26]。

いや、マジでこれじゃ続けられないって。

でも、これらの研究は、運動や食事のタイミングなど複数の要因を取り入れて解析した結果ではありません。

ウォーキングをはじめとする運動療法は、食事療法との組み合わせがあって初めて効果を発揮します。

本書では古今東西の学術文献を読みあさり、最新の方法も取り入れて私が外来で実践している無理のない運動・食事の方法を紹介します。乞うご期待。

食事記録法の幻想

自分が摂取する食事をすべて記録することでやせられる。

これが食事記録法ダイエットです。

これは、もともとは**フードダイアリー法**として欧米で提唱された方法です。

日本ではこれをベースに独自の方法を取り入れた「オタキング」こと岡田斗司《おかだとし》

夫《お》先生の「レコーディングダイエット法」が有名です。

この方法は、じつは効果があります。

私が担当している肥満や糖尿病の患者さんが共通しておっしゃるのは、

「そんなに食べていないんです……ごはんだって本当にお茶碗に軽く1杯しか食べていないし……」

ということです。

ここで、すぐに患者さんに怒る医者だと、

「嘘つくんじゃないよ！　それしか食べてなければ血糖値だってもっとよくなるし、体重だって下がるんだよ！」

と怒鳴り始めるところです。

まったく、どうしようもない医者というのは必ずいます。

もしそんなことを言う医者に出会ってしまったら、すぐにその医者にかかるのはやめてください。

医療というのは、患者さんと医者の信頼関係が何より大事です。

最初から患者さんの言うことを「嘘」と決めつけるような医者は、言語道断です。

いいお医者さんもたくさんいます。

無理してイヤな医者に付き合う必要はありません。

私は、患者さんがおっしゃっていることはそのとおりなんだと思います。

ほとんどの方が本当に食事に気をつけておられます。

三度三度のおいしい食事を一生懸命我慢しているのは事実でしょうし、ご本人も食事には人一倍気を遣っています。

そんなときにこの食事の記録をお願いすると、血糖が改善したり、体重が減少したりします。

なぜなら、この方法をとると、**自分が無意識に食べていた量というものを初めて自覚することができる**からです。

三度三度の食事を少なめにして我慢している人は、とても立派です。

だって、食事というのは家族や友人など、何人かで一緒に食べることも多いですよね。

たくさんの料理を目の前にして、周りの人たちが好きなだけ食べているのを見ながら、自分は食べすぎないように我慢するということは、大変な忍耐を要します。

ですが、我慢の持続というのは限界があります。

意識があるあいだにはなんとか我慢できていても、無意識になってしまうとダメです。

三度三度のごはんを我慢している人は、やはりお腹がすいてしまいます。

そうすると、フッと気が抜けた瞬間に、**自分でも意識しないで食べてしまっている**ことが多くなります。

典型的な例が、**「ながら食」**です。

テレビを見ながら、本を読みながら、友達と電話でおしゃべりしながら、何か別のことをしながらスナック菓子や果物を食べていることが多いのです。

意識が別のことに向かっているので、体は脳の制御を受けずに自動的に食べ物を口に運んでしまうのです。

食事記録法も、食欲には勝てない

これらの「意識しない食事」をいつどんな形でとっているかは、食事の記録をつけてもらうことで初めて自覚することができます。

そうすると、自分がどんなときに余分な食事をとっているかに気づくことができます。

また、そういった「無意識な食事」を自覚して、食べないように気をつければ、三度三度の食事をもう少し食べても大丈夫なことに気づけます。

つまり、「ながら食」を減らすことで、三度の食事の食べる量を増やすことができ、つらさも半減できるのです。

いままでダイエットをしたことがなく、これからダイエットを始めようとする人は、この食事記録を行うことで、自分がどれくらいの量を食べていたかを自覚することができ、ダイエットの方向性を見定めることもできます。

実際、この方法の有効性は、学問的にも一定の評価を得ています[24]。

最近では、スマホのアプリで簡単に食事の記録ができるものもあり、可能性が広がっています[25][26]。

その効果ですが、短期的にはやはりよく効きます。

残念ながら、**持続するのが困難**なのが実情です。

これは、いわば意識改革のような側面のあるダイエット法です。

最初のころこそ「こんなに食べていたのか！」と驚いて食事量を減らすモチベーションにつながりますが、人は慣れてしまいますし、**食欲というのはとても強い欲望**なので、我慢し続けることが難しくなります。

先述の岡田斗司夫先生も、著書『いつまでもデブと思うなよ』でこの方法をベースに独自に改良を加えたレコーディングダイエット法を実践し、1年間で50キロ近く減量することに成功しています。

これはすごいことで、年齢的にはやせにくい時期にこれだけの減量をするのは、いくらレコーディングダイエット法に効果があると言っても容易なことではなく、ただ驚くばかりです。

私は本当に岡田斗司夫先生を尊敬していまして……。

私は映画が大好きで、さらに活字中毒で暇さえあれば本を読んでいます。そんな私にとって、岡田先生の映画評や書評は本当に勉強になります。

また、岡田先生が提唱しているスマートノート方式というメモの取り方を使うようになってから、いやあ、本当に知識がつきやすくなったというか……いや、すごいです。私の研究のクオリティーがかなりアップしたことは間違いありません。

岡田先生、もしこの本を読んでいたら、**サインください**。

で……、その岡田先生でさえ、リバウンドを経験しました。

むしろ1年以上維持できたのは、ものすごいことだと思います。

あれだけの方でもリバウンドしてしまうのですから……この方法を持続させるのは、凡人の我々には容易ではないことは言うまでもありません。

しかし、この食事記録法という方法は、これからダイエットを始めようとする人にとってはいいきっかけとなることは間違いありません。

○○を食べるだけでやせるダイエットの幻想

「朝バナナダイエット」「きゅうりを食べるだけダイエット」など、いままでにもさまざまな食材において「これを食べるだけでやせる」ダイエットが数多く紹介されてきました。

ただ、これらは**学問的な裏づけはないものがほとんど**です。

どれもそれらしく、学問的に聞こえる理屈づけのようなものはしてあります。

だから「これを食べればやせる」と思ってしまうのは無理もありません。

これらのダイエット法の解説に書かれている「食べるだけでやせる」とされる食物の解説を見ますと、それぞれの食材に含まれている物質が痩身につながるとされる理屈があることはあります。

「きゅうりに含まれているホスホリパーゼという酵素の働きでやせる、きゅうり食べるだけダイエット」
「納豆のイソフラボンが脂肪蓄積を抑制し、納豆菌が腸内環境をやせ菌に整えてくれる、納豆食べるだけダイエット」
「りんごに含まれるペクチンが食欲を抑制してくれる、りんご食べるだけダイエット」
「ラー油に含まれるカプサイシンが代謝をアップさせる、ラー油ダイエット」

パターンとしては「難しいカタカナ名の物質＋脂肪燃焼促進」の表現が多く、

なぜそういったカタカナ名の物質が脂肪燃焼を促すのかという細かい記載はない場合がほとんどです。

「〇〇を食べるだけダイエット」は補助的に行うのがコツ

学術論文として調べてみると、それぞれのカタカナ物質に対して脂肪燃焼促進効果などを動物実験または細胞レベルでの検討が行われた報告が、あることはあるみたいです。

ただ、それらのカタカナ物質が特定の食品を通じて摂取されて、脂肪が燃焼したという報告はほぼ皆無です。

いちおう、論文的に食品そのものに痩身効果の可能性が報告されていたのは、柑橘《かんきつ》系フラボノイド、緑茶のカテキン、お酢といったところでしょうか［27］［28］［29］［30］。

ただ、これらもすべて動物実験の結果（しかも遺伝子改変マウスを用いた非常に限定された条件での動物実験が多い）がほとんどで、人間のデータにしても**2カ月近く**

摂取してせいぜい1キロ程度の減量効果です。

そういった意味において、これらの「〇〇を食べるだけでやせるダイエット」に過度の期待を持つことは避けたほうがよさそうです。

また、これらの「〇〇を食べるとやせる！」というブームが1年以上持続したことがない、という事実だけ見ても、効果が薄いことがよくわかります。

もし本当に効果があれば、ずっと食べ続けることになるはずですから。

誤解してもらいたくないのですが、これらのダイエット法を提唱しているみなさんが嘘つきだ、なんて思っているわけでは決してないんです（まあ、ときにはひどいのもありますが……）。

ただ、医師でもなく研究者でもなく、そういった科学的経験のない方が提唱しているのを見ると、その信憑性《しんぴょうせい》について疑いを持ってしまう部分は、正直あります。

陰謀論を信じてしまう人と同じで、ごく一部の都合のいい情報を拾い読みしてダイエット法を提唱している人もたしかに存在します。

したがって、こういったダイエットを行う場合には、あくまでも補助的に行うことがコツだと思います。

たとえば、小皿1杯のお醤油《しょうゆ》があったとします。

これをコップ1杯の水に溶かすと塩味は薄くなります。

ですから、コップ1杯の水には「塩味を薄める効果がある」ということになります。

だからといって、**海にコップ1杯の水を入れたとして海のしょっぱさが薄まりますか**、ということです。

それぞれの食材だけに注目すれば、たしかに脂肪を燃焼させる効果があるのかもしれません。

でも、運動もまったくせずに好きなものを好きなだけ食べるという状態が10年以上続いているなかで、急に「やせるはずの食材」を食べたところでやせるはずはないということです。

ですので、どうしてもこれらの「○○を食べるだけでやせるダイエット」をしたければ、本書で紹介するダイエット法を実践したうえで、**その補助として使う**というのはいかがでしょうか？

第2章

間違った知識が人を太らせる

正しい全身代謝の知識を持つことが
ダイエット成功の第一歩

世の中には、さまざまなダイエット法があります。
でも、**どれも失敗ばかり。これが現実**です。

失敗するすべてのダイエット法には、共通点があります。
それは、**ダイエット法が他人任せである**ということです。

どのダイエットも、「医師」「医学博士」「管理栄養士」「薬剤師」らが提唱して、その内容を吟味することなく、「とりあえずエライ先生が言っているんだから試してみよう」といった気持ちで実践する場合がほとんどだと思います。

しかし……です。
みなさんの大事な体のことです。他人任せにしてはいけないんです。
会ったこともない人を信じてしまってはいけません。

肩書には罠《わな》があります。

まず、「医師」と言ってもピンキリです。

医師の専門は千差万別、きちんとした学術研究や臨床研究を一度もしたことのない医師が提唱したダイエット法を実践する気になるでしょうか。

また、有名大学の医学部の大学教授や医師だからといって信じることはできない場合だってあります。

有名大学の医師・大学教授でありながら、日常茶飯的にデータを捏造《ねつぞう》して論文を発表している輩《やから》だっています。いや、マジですって。

多くの有名大学の教授や先生たちは、真面目に研究していますし、誠実です。でも残念ながら、日本の学問の世界はいまだ「白い巨塔」の世界が残っていて、有名大学の大学教授が捏造しちゃったなんてこともあります。

有名大学の先生の場合、捏造が発覚すると「部下が勝手にやったことで知らなかった」のひと言ですべてが許されます。

トカゲのしっぽ切りで処分されるのはいつも下っ端の先生だけで、捏造の指揮をとった教授先生は、翌年の学会では華々しい復活を果たしたりします。「学会にも影響力のある、あの有名な先生がそうまで言うなら、あえて追求しなくてもいいじゃないか」という忖度《そんたく》ですね。

あと、これをしっかり言っておきたいのですが……「医学博士」っていう肩書は、医者じゃなくても手に入れることができます。

大学院課程を修了し、博士論文を書いて審査を通過すれば、医者でなくてもなれます。

大学院というのは、通常の大学入試のように難しくはありません。

ですから、ときに有名大学の大学院卒を肩書にしているダイエット本の著者がいますが、**じつはあまり意味のない肩書**です。

医学研究を本気でする人にとっては、医学博士になることは研究生活の第一歩にしかすぎません。

医学博士になったということは、**ようやく研究生活にデビューしたひよっこ**、という意味です。私も医学博士になってから約10年間は研究者としては下積み、つまり修業期間でした。

ただ、この「医学博士」の肩書が、権威あるもののように一人歩きしています。

日本の「医学博士」の称号を得るために、海外から留学する学生もいます。

私も実際、そういう医学博士希望の留学生に接したことがありますが、学問的にはかなり問題のある人もいました。

ダイエット提唱者の正しい見分け方

医師でありつつ医学博士の称号を持っている人もたくさんいます。

私もそのひとりです。

私はまず医者になって臨床医をしながら大学院に入学し、研究して医学博士になりました。

ただ、何を研究して医学博士になったか、ということも大事です。

私は医学博士を授与するかどうかを決める学位審査の審査員を何度もしたこと

がありますが、医学についてのテーマは千差万別ですから、さまざまなテーマが医学研究になります。

なかには自動車事故について研究して医学博士になる人もいれば、がんの増殖メカニズムの研究で医学博士になる人もいます。

代謝や肥満について研究したことのない医学博士が提唱するダイエット法を、実践してみたいと思いますか？

ダイエットに挑戦する人は、その提唱者に関するきちんとした情報に基づいて**ダイエット法を選択する権利**があります。

そうは言っても、ダイエット本の著者がどんな研究で医学博士になったかなんてわからない、と思われる方も多いと思いますが、じつはこれは誰でも簡単に調べられます。

国立国会図書館のサイトから著者名で検索すれば、その人が医学博士になるために書いた「学位論文」の題名を調べることができます。

ちなみに私の名前で検索すると、博士論文として英文の題名が出てきます。内容は、「高脂血症治療薬であるフィブラート製剤やインスリン抵抗性改善薬であるチアゾリジン誘導体ならびに炎症物質がインスリン分泌に与える影響について」です。

ね？

きちんと糖質代謝やインスリンの研究をしているのがわかりますよね。

もちろん、医学博士になったときは別の研究だったけれど、その後に肥満や糖尿病の研究に転向したという人もいるかもしれません。

その場合には「PubMed」というサイトを試してください。

これは英文の学術論文の検索サイトなので、著者名を横文字で入力して検索すれば、その人がいままでどんな研究をしてきたかがすべてわかります。

英文だからわからない、という人のためにお伝えすると、肥満や生活習慣病の研究をしている人なら以下の英単語が入っている論文をたくさん書いているはずです。

「diabetes（糖尿病）」
「obesity（肥満）」
「body weight（体重）」
「food intake（摂食）」
「insulin（インスリン）」

などです。

医学研究の世界では、どうしても英語で執筆した論文が評価される場合が多いです。

これらの英文学術論文は、書けば簡単に掲載してもらえるというものではなく、厳しい審査員による査読があります。

全然相手にしてもらえなくて、論文が門前払いを食らうことも決してまれではありません。

掲載されるまでには、追加実験や書き直しを何度も要求されます。それに打ち勝って、初めて学術専門誌に掲載されますので、きちんとした学問的レベルに達した研究を行った証《あかし》でもあります。

私の書いた論文ですと、投稿から掲載まで平均1年くらいかかります。

検索していただくとわかりますが、著者がたくさんいるのが学術論文の特徴です。

本当に研究を行った人であれば、一番目の筆者（筆頭筆者）の論文が多いはずです。

その後、教授などになり、研究の総監督のような立場となった人であれば、いちばん最後の筆者（最終筆者）の論文が多いはずです。

ですから、筆頭もしくは最終筆者の論文が一定数以上ある先生は、学問的に信頼できると言っていいかと思います。

このあたりも判断基準にしてください。

ちなみに私の名前「Kenju Shimomura」で検索していただくと、結構な数の筆頭筆者と最終筆者の論文が出てくると思います。

そのほとんどに、前述のキーワードがあると思います。

でも、いちばん大事なのは、読者のみなさんが**「体の太る仕組み」**と**「やせる仕組み」**をきちんと理解することだと思います。

自分の体のことは自分がいちばん知っている。

これがもっとも理想的な形です。

きちんとした知識を持っていれば、怪しい奇妙なダイエット法はすぐに見破ることができます。

今回、この本を執筆するにあたってずいぶんとたくさんのダイエット本を読みました。

ダイエット本の著者についても多く調べましたが……なんでこの人がダイエッ

トについて語っているのか、という著者も結構いました。

内容についても、いい本ももちろんありましたが、説明不足な印象を受けたものも多々ありました。

説明不足な割には、やたらと難解なカタカナ専門用語を繰り出している本も多かったように思います。

いかにも学問的なバックグラウンドがあるように装っている感じです。

「難しいこと言って煙《けむ》に巻いてしまえば、一般の人は信じるだろう」という著者側の声が聞こえる気がします。

私は読者のみなさんに、正しい代謝の知識を紹介することで、ご自身の体が、食べたものをどのように栄養やエネルギーとして使用し、貯蔵しているかをご理解いただきたいと思っています。

たしかに、代謝系というのはとても複雑です。

暗記しようと思ったら大変なことになります。

私も医学部の学生だった時代に、試験の前日に必死に暗記しようとして、失敗しました。

でも、そもそも代謝を学ぶためには暗記する必要はありません。

理解してしまえばいいんです。

代謝の過程を一つひとつすべて暗記する必要なんてありませんし、それをするのは愚《おろ》かな行為です。

ですから、ここからは栄養の代謝と貯蔵について、わかりやすく説明します。


これからみなさんは、絶対に成功させるダイエットをするのですから、絶対に知っておかなければならない知識です。

敵を知らずして戦いに勝利することはありえません。

この章を読み終わるころには、あなたは下手な医者よりも代謝に詳しくなるはずです。

STEP 1：栄養のインプットとアウトプット
～三大栄養素の代謝をざっくりと理解！

小学校の家庭科の時間に「三大栄養素とはなんでしょう？」と先生に聞かれて、「は～い、ししつ、たんぱくしつ、とうしつで～す」と得意になって答えていた私……バカの極みです。

理解していたわけでもなく、ただそう言うと先生に褒められるから丸暗記していただけです。バカだなあ……。

当時の自分に、「じゃあ、なんでその3つが三大栄養素なんだよ？」と聞いたら、泣き虫だった私は「わ～ん」と泣いちゃっただろうと思います。

いま思い出しても、私は先生の顔色とご機嫌ばかりうかがうイヤな子供だったなあ。先生に好かれるいい子を目指して、なーんにも理解していないのに暗記だけがんばって、それで自分が頭いい気になっていました。

クソガキだったなあ。当時の私に説教してやりたいです。

図3

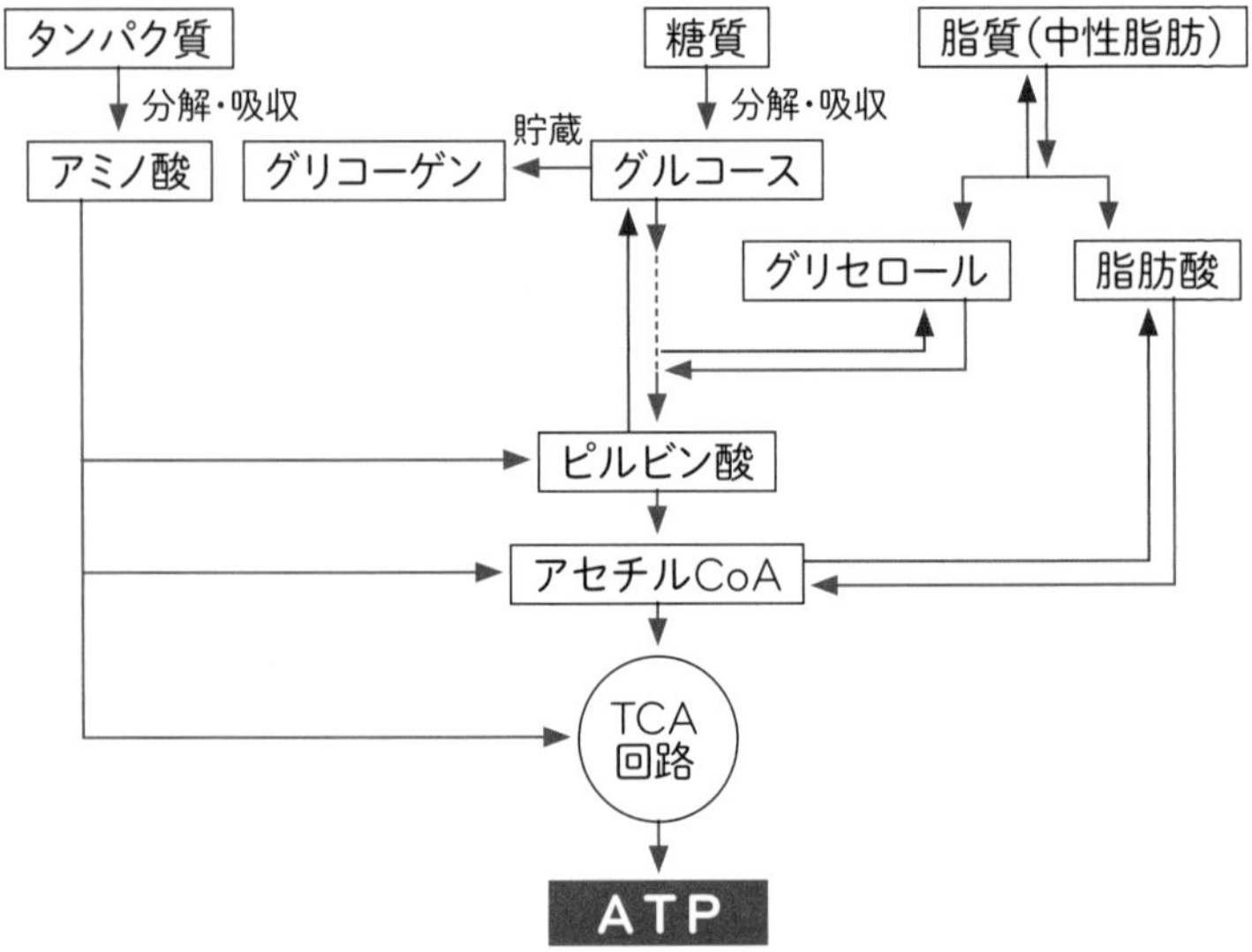

物事は暗記じゃダメです。**理解しないと応用が利きません。**

だから、これから述べることも暗記なんかしなくていいです。

ざっくりと理解してください。

なぜ、この脂質・タンパク質・糖質の3つを三大栄養素というのか？

それは、この3つの異なる栄養素が、代謝されるなかでひとつの物質に収束しているからです。

つまり、この**3つの栄養素の最終目標（最終産物）は同じ**なんです。

図3をよく見てください。

スタートはそれぞれの異なる3つの栄養素ですが。最後はひとつの物質**「ATP」**に行きついています。

体の代謝というのは、究極的にはこの**ATPを産生するため**にあります。

このATPを滞りなく、つねに供給し続けるために、このATPに変換することのできる物質を食事から摂取します。

さらに、飢餓のときには、ATPのもとを体の中に貯蔵しておいて、食事から摂取できなくてもそれを使って生命を維持します。

ATPとは何か？

正確には**「アデノシン三リン酸」**という物質です。

舌が回らなくなりそうなので、ATPでいいです。

これ、ものすごいエネルギー源なんです。

簡単に言うと、ガソリンみたいなものです。

ＡＴＰは燃料として大量のエネルギーを放出します。

私たちはこのエネルギーを使って、体だけでなく心臓などあらゆる臓器を動かして「生きて」いるのです。

つまり、ＡＴＰのエネルギーを使って筋肉を動かし、呼吸をし、心臓を動かし、インスリンを分泌し……、このＡＴＰの産生が止まった状態が、「死」であると言っても過言ではありません。


これでみなさん、わかったと思います。

みなさんが減らしたいと思っている「贅肉」というのは、体がどのような状態に直面してもＡＴＰを滞りなく全身の細胞に供給できるようにするために、「ＡＴＰのもと」を脂肪として蓄えておく「貯蔵庫」なのです。


先ほどの図3をよく見てください。

いわゆる贅肉に蓄えられているのは、「中性脂肪」です。

図の中の矢印の方向を見てもらえばわかりますが、糖質は、最終産物ＡＴＰ

に向かうのとは反対方向の矢印で、中性脂肪にも到達することがわかります。
つまり、**贅肉とは、ＡＴＰにならなかった、余った糖質と脂質**のことです。

このことから、ダイエットの戦略を、**いかに効率よく糖質と脂質を代謝経路のゴール地点であるＡＴＰに到達させるか**、ということに絞ればいいことがわかります。

さあ、これでダイエット作戦の目指す大まかな方向が定まりました。
次はそれぞれの代謝経路のなかを調べて、ダイエット作戦成功のための細かい攻略法を練っていきましょう。

STEP2：糖質の代謝を知る

それではまず、糖質の代謝経路を細かく知ることから始めましょう。すべての基本として、糖（グルコース）が細胞の中に入ってからどのようにしてATPにたどりつくのかを確認してみます。

簡単に言うと、細胞内には解糖系と呼ばれるルートがあって、そこで糖がピルビン酸という物質になって、それが代謝しながらミトコンドリアの中をぐるぐると回って（TCA回路）、いろいろあってATPがたくさんできる、ってことです。

そう、ミトコンドリアです！

ミトコンドリアというのは、細胞の中のエネルギー（ATP）産生工場みたいなものです。

図4

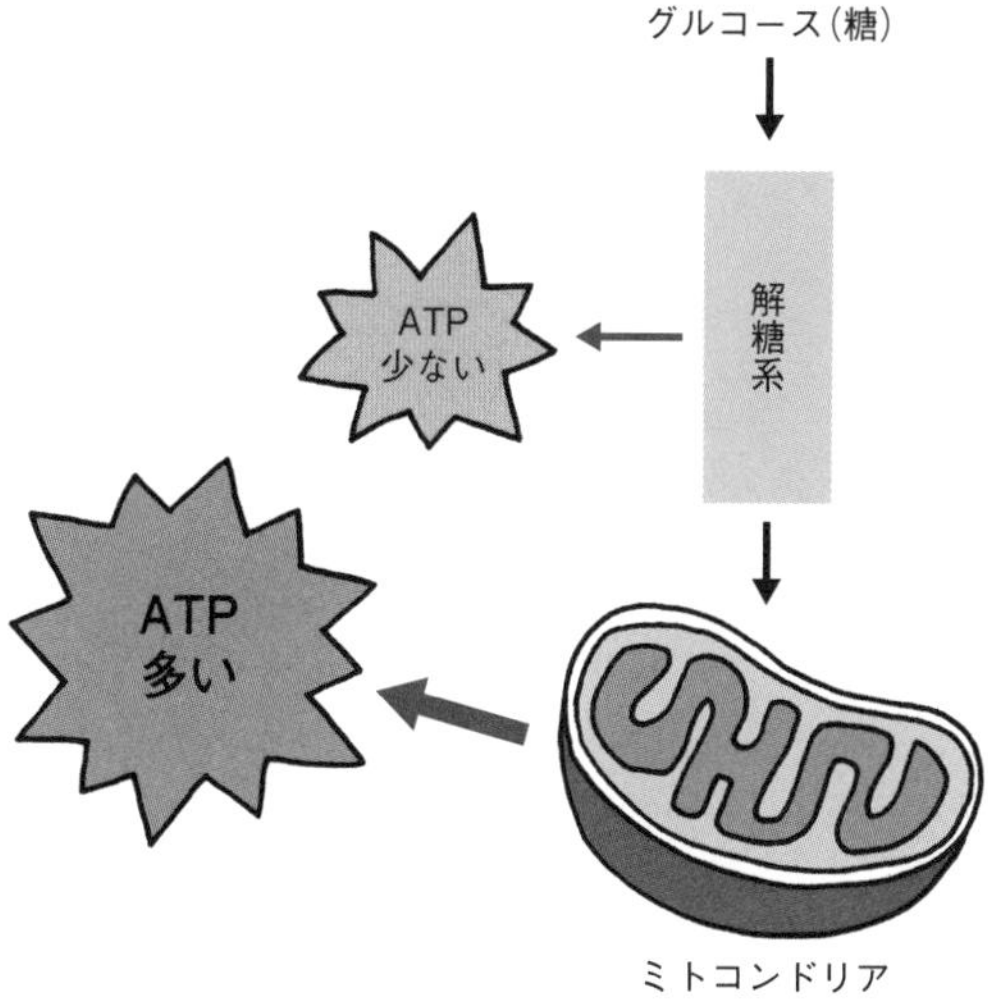

糖質（グルコース）、脂質（脂肪酸）、タンパク質（アミノ酸）のいずれを原料にしても最終的にATPを生み出してくれる、そんな**エネルギー産生工場がミトコンドリア**です。

もともとは独立した存在だったものが、真核細胞に共生して現在にいたると考えられています。

つまり、私たちの祖先（といっても相当な祖先ですが……）となる細胞に取り込まれて共生することで、お互いに利益を与え合う形でともに生きている、ということになります。

こんなすごいエネルギー産生工場です

から、**ミトコンドリアがなくなったら人間は生きていけません。**

もしエネルギーを自由に操ることのできるミトコンドリアが我々人類に反乱を起こしたら……**こえええええええええ！**

で、これを小説にしたのが瀬名秀明《せなひであき》先生の『パラサイト・イヴ』です。映画版はなんだか不思議な作品でしたが、原作は怖かったなあ。

細かいことはいいので、糖の代謝は「解糖系＋ミトコンドリア」（図4）と理解してください。

とにかく、この**「解糖系＋ミトコンドリア」で大量のＡＴＰを生み出す。**

これが糖代謝の基本です。この方法で全身の細胞でＡＴＰが産生され、この産生されたＡＴＰを燃料として使って、それぞれの臓器を機能させているわけです。

食べすぎると太る仕組みとは？

次に、この細胞レベルでの代謝経路をもとに、今度はもっと大きな視点から考えてみます。

「糖代謝」と「ダイエット」を語るうえで外せないのが、「インスリン」です。

なんとなくダイエットにおける悪者のように扱われているインスリンですが、じつはとっても重要なホルモンです。

インスリンは血糖を下げるホルモンであることはよくご存じだと思います。

しかし、この「下げる」という表現が、インスリンの機能をわかりにくくしています。

食事をすると、炭水化物が糖（グルコース）に分解されて血中に取り込まれます。このグルコースは、血中にとどまっているうちはなんの役にも立ちません。

グルコースは、さまざまな臓器を構成する細胞に取り込まれることで、前述の「解糖系＋ミトコンドリア」の代謝経路をたどることができて、ATPの産生にたどり着くことができるわけです。

インスリンとは、この血中にとどまっているグルコースを全身の細胞に取り込ませる仲介をするホルモンだと思ってください。

インスリンは、すい臓に存在しているベータ細胞と呼ばれる細胞から分泌されています。

大事なのは、食べた量（つまり上昇した血中グルコースの量）に対応するちょうどいい量のインスリンをベータ細胞が分泌することです。

そのメカニズムは、非常にエレガントで美しいとしか言いようがありません。ただしかなり複雑なのでここでは割愛します。

重要なのは、上昇した血糖（グルコース）もベータ細胞に取り込まれ、一連の

「解糖系＋ミトコンドリア」の代謝を経て産生されたＡＴＰが、インスリン分泌を担っているということです。

つまり、ＡＴＰ産生の仕組みはベータ細胞でも実行されていて、そのおもな機能であるインスリンの分泌メカニズムまで司っているということです。

さて、近年の糖質制限ダイエットのなかでも、太る原因となる悪玉ボスキャラのように言われているのが、このインスリンです。

しかし、べつに悪玉ではありません。

その機能を正常に使えていない人間のほうに問題があるのです。

繰り返しますが、インスリンは血糖（つまり血中のグルコース）を下げるホルモンです。

「下げる」とは「血中から臓器のほうにグルコースを移動させる」ということと、「余計なグルコースを産生させない」ということです。

ここではまず、「血中から臓器のほうにグルコースを移動させる」という機能について説明します。

筋肉を例にとって説明すると、インスリンは筋肉の細胞の中にある**「グルコース輸送担体」**という、グルコースを細胞内に取り込むための「器」を細胞表面（細胞膜）に移動させます。

細胞膜にこのグルコース輸送担体が移動することで、血管の中にあるグルコースが筋肉細胞の中に取り込まれます（図5）。

この取り込まれたグルコースは、やはり「解糖系＋ミトコンドリア」の代謝を経てＡＴＰを生み出し、筋肉を動かすエネルギーになります。

このとき、運動に使用されなかった余分なグルコースが血中に存在した場合、余ったグルコースはどうなるのか？

これらの余ってしまったグルコースは、やはりインスリンの力で細胞の中に取り込まれるのですが、なんとその一部は「解糖系＋ミトコンドリア」経路の途中で脂肪酸、さらには中性脂肪に作り替えられてしまい、**贅肉となって脂肪細**

図5

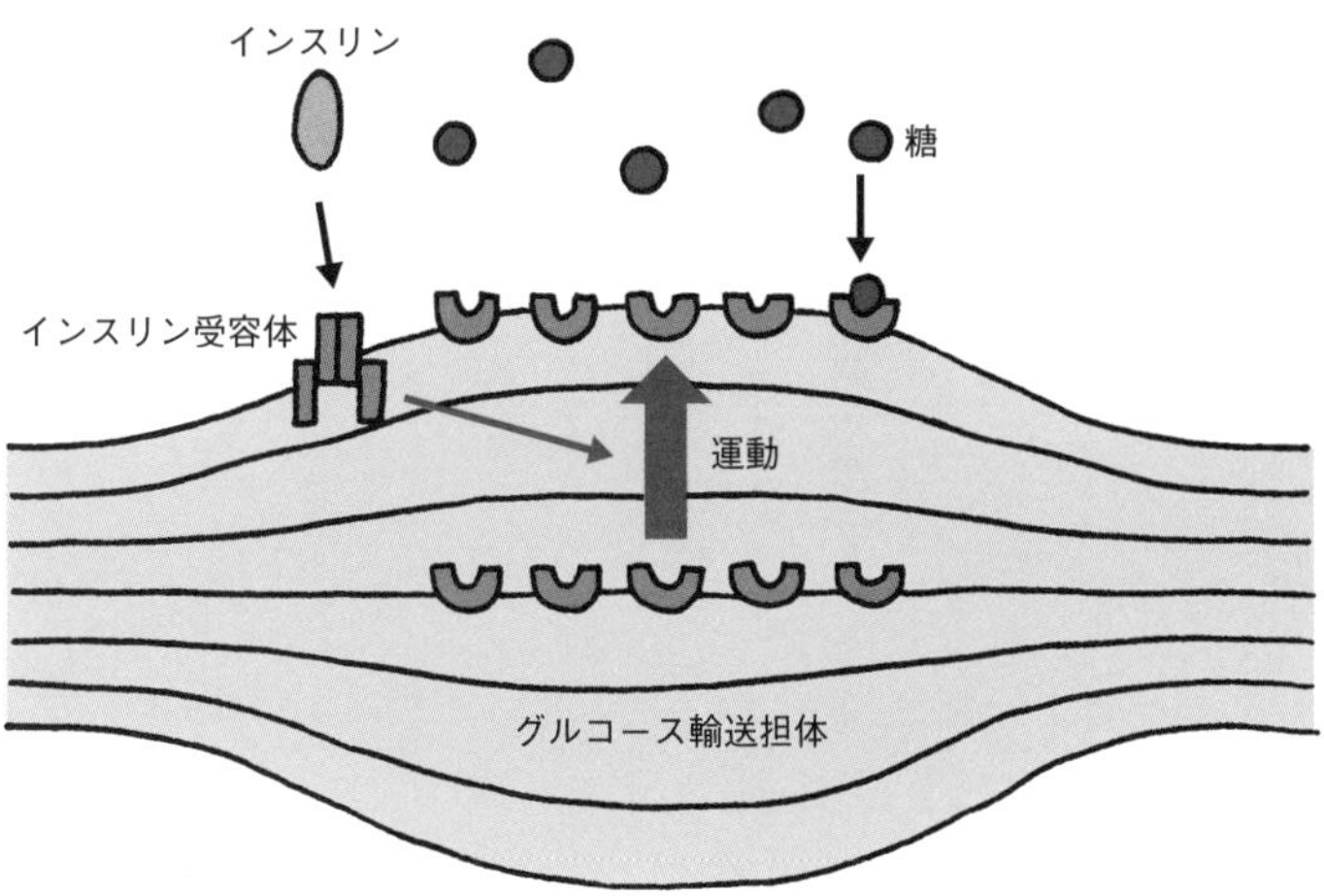

胞に蓄えられてしまうのです。

これで、「食べすぎると太る」という仕組みが理解できたと思います。

食べすぎて余剰のグルコースが血中にできると、グルコースは中性脂肪になったり中性脂肪の蓄積を促したりする。

だから太るわけです。

そして、運動不足になると太る理由も説明できます。

先ほど説明したグルコース輸送担体は、運動をきっかけとして筋肉細胞の細胞膜表面に移動することもできます。

動物実験の結果によれば、運動によっ

て筋肉の細胞膜の表面に移動したグルコース輸送担体は、約72時間ものあいだ細胞膜表面にとどまることができると報告されています。

つまり、運動しているあいだはたくさんの燃料、つまりATPを必要としますから、グルコース輸送担体が筋肉細胞膜表面に増えます。

そして、運動後も疲労した筋肉を修復して復旧するためにATPを使うので、グルコース輸送担体は筋肉細胞膜表面にとどまって血中グルコースをどんどん取り込んで消費し続けます。

つまり、**運動すると、食事によって上昇した血中のグルコースは筋肉に取り込まれやすくなる。**

ということはつまり、余分な血中グルコースが中性脂肪に変換されることもなくなり、贅肉となって蓄えられることもなくなるわけです。

これで、糖質をコントロールしてダイエットする戦略が見えてきましたね。

それは**「可能な限り、余計な血中グルコースが増えないようにする」**

ということです。

STEP3：脂質の代謝を知る

糖質制限ダイエットでは、糖質を厳しく制限するものの、そのほかの栄養素、とくに脂質は比較的自由に摂取していいことになっていますので、近年では脂質はダイエットの味方であるとの考えが受け入れられつつあるようです。

でも、疑問に思ったことはありませんか？

ダイエットに挑戦するみなさんは、必ずと言っていいほど「贅肉をなくしたい」と願います。

でも、贅肉＝脂肪と、直感的に理解しています。

なのに、糖質制限ダイエットにおいては、その**減らしたい脂肪分は食べて**

いいってなぜ？

短期的には、**脂質ではなく糖質を制限すると贅肉が落ちるって……なぜ？？**

「糖質制限を勧めているエライ先生が、脂質はいくら食べても大丈夫って言ってるから、いいに決まっている」と、今日もステーキ弁当を買って、ごはん全残しでステーキだけうまそうに食っているあなた！

それはいけません。

考えることを放棄したら、人間は進歩しません。

これから説明する脂質の代謝について理解すれば、「脂質はいくら食べても大丈夫！」なんて言っている医者よりずっと、ダイエットを理論的に理解することができるようになります。

脂肪酸が贅肉になる仕組みとは？

脂質の代謝は複雑です。

大きく分けてふたつのパターンを考える必要があります。

代表的な脂質である脂肪酸が増える場合と、減る場合。

当たり前ですが、**脂肪酸が増えれば太り、脂肪酸が減ればやせます。**

まず脂肪酸が増える場合ですが、これもまたふたつに分かれます。

ひとつめは、食べた食事から取り入れられた場合。

この経路が結構複雑です。

食事の中に含まれる脂質というのは、大部分が中性脂肪（トリグリセライド）です。

中性脂肪は、グリセロールに脂肪酸が3つ結合した構造をしています。

食事をして小腸から取り込まれた中性脂肪は、そのままでは「脂」のため血液の中に溶けないので、「極性脂質」や「アポ蛋白《たんぱく》」と言われる物質にくるまれる

図6

中性脂肪

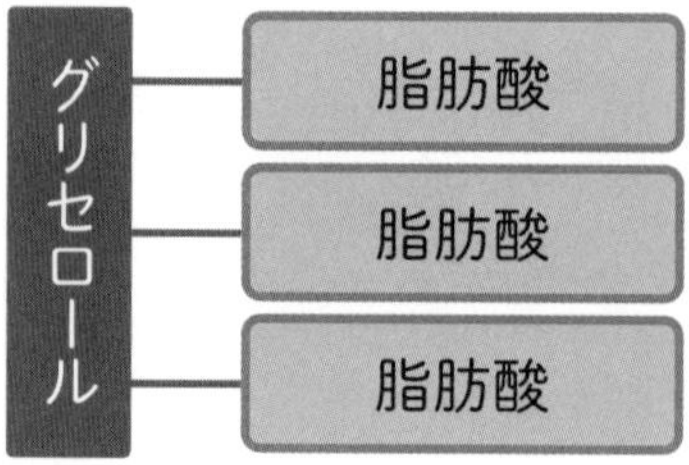

形で血液の中に入り込みます。

さて、ここで誤解してほしくないのですが、中性脂肪を構成する脂肪酸は、**体にとって重要な役割**を持っています。

決して悪玉物質ではありません。

グルコースと同様に、ATPを産生するエネルギー源になりますし、細胞膜や神経、ホルモンなどの材料になります。

つまり、中性脂肪というのは、グリセロールといういわば「串」に、この大事な脂肪酸を3つくっつけて、体のさまざまな場所に脂肪酸を送り届けている、と考えてください（図6）。

体の各部にとって、エネルギー源や材料として大事なのは脂肪酸。中性脂肪は、脂肪酸を標的の臓器

図7

に運ぶための状態、例えるならグリセロールをトラックとして、積み荷の脂肪酸を体中に運んでいる状態です。

そして、血中に取り込まれた中性脂肪は、血管の内側を構成する細胞の表面にあるＬＰＬ（リポ蛋白リパーゼ）と呼ばれる物質によって、トラックであるグリセロールから脂肪酸を「荷下ろし」させられます。

つまりＬＰＬは、現地で待っていて脂肪酸を「荷下ろし」する人のようなイメージでしょうか（図7）。

体が適正な状態では、筋肉細胞の

図8

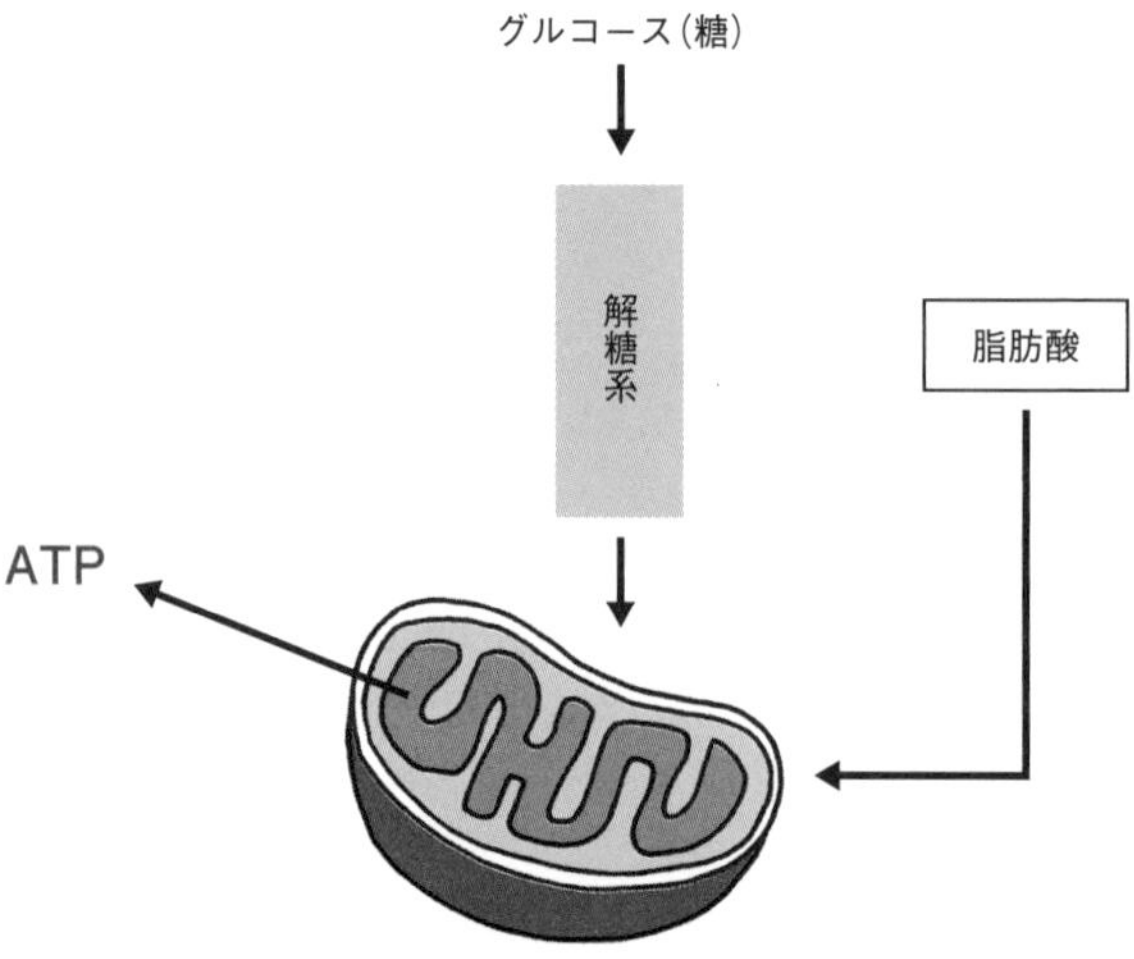

ある部分で荷下ろしされた脂肪酸は、代謝される過程のなかで「解糖系＋ミトコンドリア」の経路の途中から入り込むことで、ATP産生に使用されます（図8）。

しかし、栄養が充分に満たされている状態では、脂肪細胞がある部分（＝贅肉がある部分）の血管の内側細胞上のLPLが働き、中性脂肪から脂肪酸が荷下ろしされてしまいます。荷下ろしされた脂肪酸は脂肪細胞の中に取り込まれ、中性脂肪に再度合成されて貯蔵、つまり贅肉になってしまうのです。

贅肉は、エネルギーを蓄えるためのメカニズム

脂肪が増えるもうひとつのパターンは、**ほかの栄養素から脂肪酸が合成される場合**です。

これは、前述のグルコースが余った場合がその代表です。タンパク質を構成するアミノ酸も脂肪酸になることがあります。

ただし、ここで注意してもらいたいのですが、脂肪組織に貯蔵されている中性脂肪は、そのほとんどが食事由来か肝臓で合成されたものです。グルコースから合成された脂肪酸がもとになっている中性脂肪はごくわずかと考えられています。

つまり、**糖質制限によって贅肉が減って体重が減るのは、糖質（グルコース）からの脂肪酸合成が低下するからではない**、ということです。

では、糖質制限で短期的に体重が減るのはなぜか？

前述のように総摂取カロリー量が減っているのも確かですが、もっと細かく見るとインスリンの作用が大きく関わっています。

すい臓のベータ細胞は、糖質を摂取するとインスリンを分泌します。このインスリンの作用がポイントです。

まずインスリンは、脂肪細胞の近くの血管内皮細胞にあるＬＰＬの活性を上昇させます。

つまり、血中の中性脂肪から、よりたくさんの脂肪酸を脂肪細胞に荷下ろしすることになるのです。

そして、インスリンがたくさんあるということは、その分泌を促すグルコースだっていっぱいあることになりますから、このたくさんあるグルコースも脂肪細胞に取り込まれます。

しかし、この取り込まれたグルコースは、ほんの一部が脂肪酸になり中性脂肪として蓄えられ、残りは通常の「解糖系＋ミトコンドリア」経路によって

ATP産生へ促されます。

このとき、脂肪細胞内でグルコース代謝によって増えたATPは、脂肪酸から中性脂肪を合成する燃料として使われるのです。

そのうえ、インスリンは脂肪細胞に働きかけて、せっかくできた中性脂肪が脂肪酸に分解しないようにします。

このメカニズム、じつはとてもよくできています。

進化の観点から考えると、食事をいっぱい食べられる環境にいるときは、**エネルギー源を必要以上に取り入れてため込んでいたほうが、生き残る確率は高くなります。**

なぜなら、人は物を食べられなくなればすぐに死んでしまうからです。

食べられるときに、必要量以上のエネルギーを取り入れて、体の中に「贅肉」として蓄えておき、来たる飢餓に備えておけば、長生きできるということです。

では、**食べ物がたくさんある環境では、体はどう反応するのか？**

まず、「はじめに」で説明した脳の報酬系を使うことで、「食べることに喜び」を与え、必要量以上に食べ物を摂取できるようにします。いわゆる「別腹」をフルスロットルで働かせるわけです。

そして、この報酬系を満たすためにたくさん食べると血糖が上がるので、それに反応してインスリンの血中濃度が高くなります。

この高い濃度のインスリンが脂肪酸の脂肪への取り込みを促し、余ったグルコースのエネルギーを使って脂肪細胞の中で中性脂肪を合成。エネルギーを贅肉として貯蔵するわけです。

さらにインスリンには二重の作用があって、脂肪細胞に贅肉として貯蔵された中性脂肪が脂肪酸（つまりエネルギー源として使える状態）になるのを防いでいるというわけです。

いやあ、体ってよくできているなあ。

エネルギーとしてためた贅肉の消費法とは？

しかし問題は、飢餓の到来に備えてがんばって蓄えた中性脂肪の贅肉が役に立つはずの**飢餓の時代が到来しない**、ということです。

現代の日本は、飽食の時代を迎えています。

毎日のように生み出される驚異的な食品廃棄物を見ると、いまの社会は本当に何かおかしい、と思います。

でも、ここではその観点で語っても何も生まれません。

いま大事なのは、飢餓の時代は当面訪れそうにないので、とりあえず**エネルギーとしてためた贅肉を消費したい**、ということだと思います。

たしかに一生使わないであろうエネルギー源を持ち続けていても、メタボリック症候群を誘発するなど、かえって健康を害してしまいます。

では、貯蔵されている贅肉の正体である脂肪細胞の中の中性脂肪は、どのようなときに分解されるのか。

当然ながら、エネルギーが足りなくなったときに、脂肪細胞の中の中性脂肪が分解されることになります。

エネルギーが足りなくなるときとは、飢餓状態のことです。

ここでは脂肪細胞の中の中性脂肪の分解の仕組みについてのみ説明するので、飢餓状態を例にとって説明します。

飢餓状態に陥った場合には、当然、食事ができませんから、いっぱい食べたときに肝臓に貯蔵しておいた糖（グリコーゲン）を分解したり、筋肉から放出されるアミノ酸などからグルコースを作ったりして、血中の糖を保とうとします。

「血中の糖を保つ」理由は、生きていくためのATPの産生を止めないためです。グルコースがあれば、「解糖系＋ミトコンドリア」を通じて、ATPを作り続けられます。

でも、グルコースだけに頼っていては、ATPの産生量に限界があります。

この場合、要はATPが生まれればいいわけですから、グルコースでなくほかの物質でも、**「解糖系+ミトコンドリア」の経路のなかに入り込んでATPを産生できればいい**わけです。

このとき、グルコース以外のエネルギー源として動員されるのが、贅肉、つまり脂肪細胞に蓄えられた中性脂肪です。

中性脂肪から分解されてできる脂肪酸は、「解糖系+ミトコンドリア」の経路のミトコンドリアの部分に途中から入っていってATP産生をすることができます。

この経路によるATP産生において大事なファーストステップは、**脂肪細胞に貯蔵されている中性脂肪が脂肪酸に分解されること**です。

運動すると中性脂肪が分解される

食事から摂取された中性脂肪は、血管の内側にあるLPLによって脂肪酸に

図9

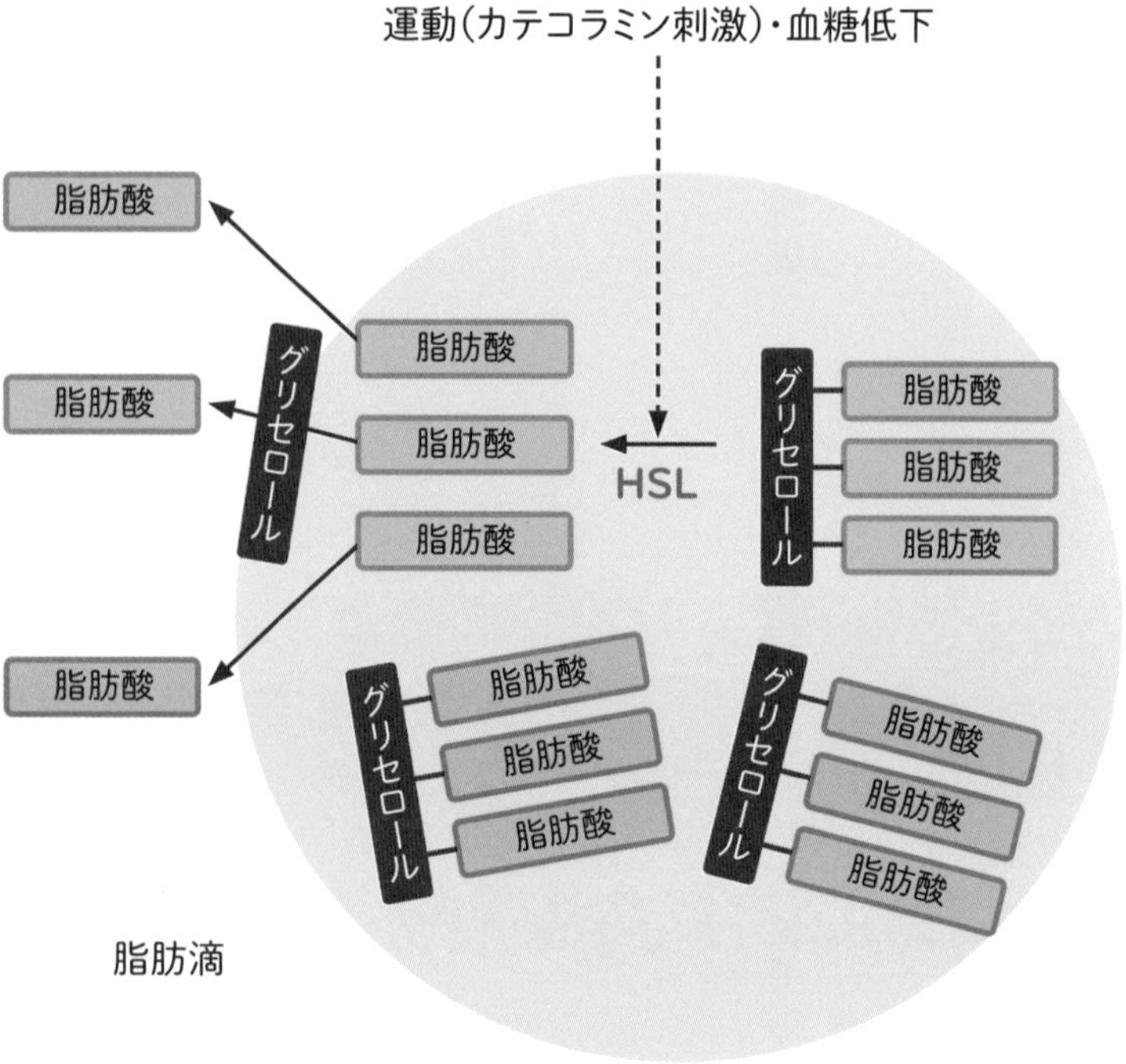

分解されて脂肪細胞に取り込まれ、脂肪細胞の中で再び中性脂肪に合成されて貯蔵される、と説明しました。

ですから、貯蔵された中性脂肪が再びエネルギーとして消費されるためには、脂肪酸に分解されてから血中に出ていく必要があります。

この中性脂肪を分解するためには、脂肪細胞の中にあるホルモン感受性リパーゼ（HSL）が活性化される必要があります。

このHSLは、アドレナリンなどの「カテコラミン」と呼ばれる物質や、血糖が低下した際にすい臓から分泌される「グルカゴン」といった物質が脂肪細胞に作用すると、活性化されます。すると中性脂肪を脂肪酸に分解します（図9）。

これもよくできています。

アドレナリンが放出されるのは、運動をしたときです。

運動時にはたくさんのATPが必要ですから、脂肪酸を使ってATPを作ります。

あと、血糖値が下がったときに血糖を保つ働きをするホルモンがグルカゴンです。血糖が下がったとき、それは食事をとらなかったときです。

これで納得しましたよね？

なぜ運動と食事制限でやせるか。

運動したとき、食事制限したとき、それは、アドレナリンやグルカゴンが分泌されるときです。すなわち、贅肉の中の中性脂肪が分解されるのです。

このときに贅肉が減るのがよくわかります。

STEP 4：タンパク質（アミノ酸）の代謝を知る

最後の三大栄養素のひとつ、タンパク質の代謝についても理解する必要があります。

ダイエットの際に注意しなければいけないのは、このタンパク質の調節です。

タンパク質は、アミノ酸がいくつもつながることによってできあがっています。肉や大豆などのタンパク質を食事で摂取すると、タンパク質はアミノ酸に分解されて体に吸収されます。

吸収されたアミノ酸は、「解糖系＋ミトコンドリア」経路のミトコンドリア部分に入り込んでエネルギー源として使われますが、一方で、**一部の糖原性ア**

図10

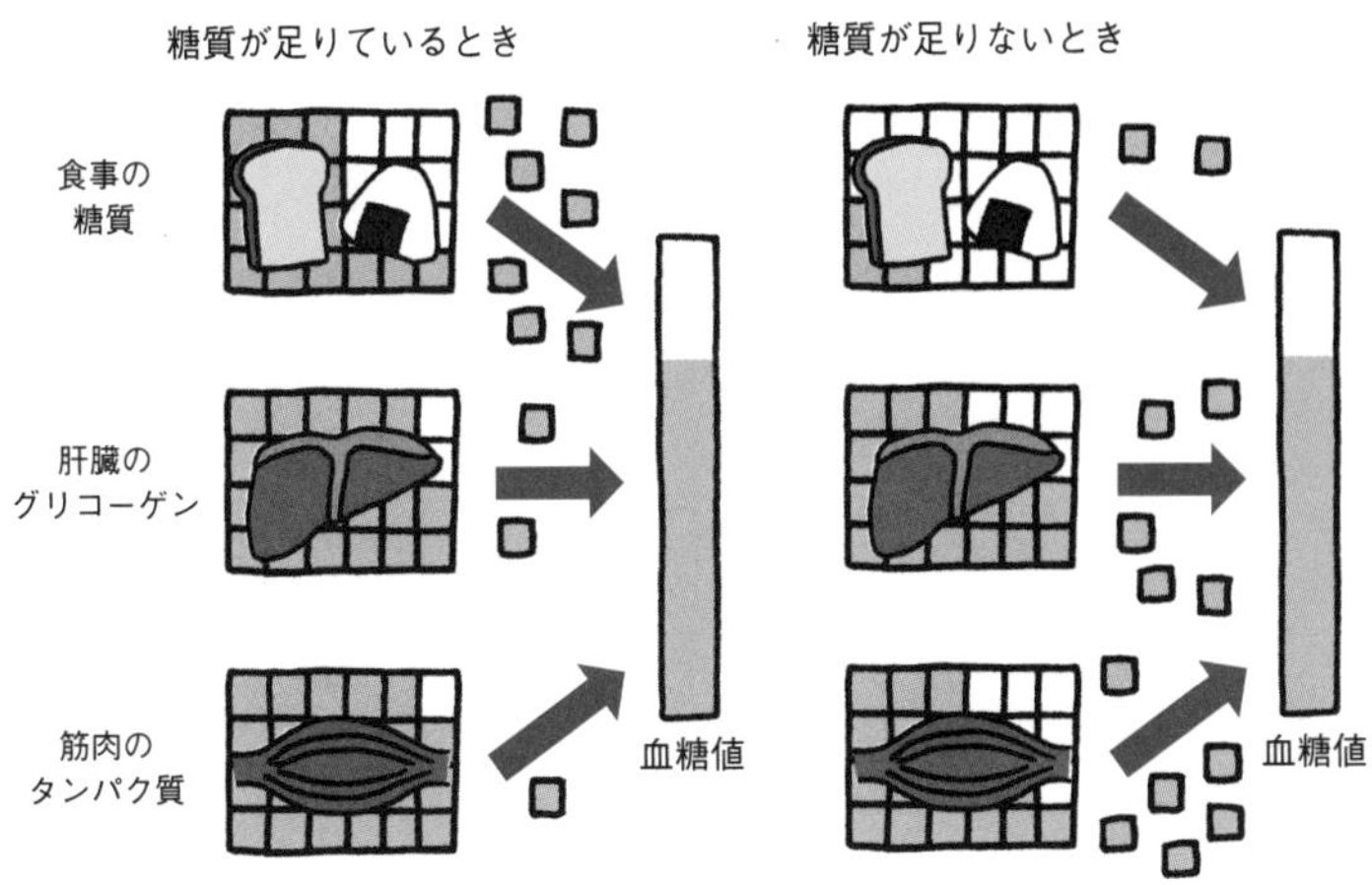

人体は糖質が不足すると、他の栄養素から糖質を作り出そうとします

ミノ酸と呼ばれるアミノ酸は、飢餓時にはグルコースに変換することが可能です。

ここが重要なところです。

極端な糖質制限ダイエットや絶食を行うと、血糖値が下がってエネルギー不足になります。

すると、体は筋肉などのタンパク質を分解して「糖原生アミノ酸」を確保し、グルコースを作り始めます。これを**「糖新生」**と言います（図10）。

飢餓時の糖新生の50%は、アミノ酸に由来していると言われています。

飢餓に襲われた人間がガリガリにやせて骨だけになってしまうのは、すでに筋肉を栄養源に使ってしまっているからです。

したがって、ダイエットをするときに大事なのは、**体を過度の飢餓状態に陥らせないこと**です。

そうしないと、生きるために必要な筋肉を失っていくことになるからです。

筋肉のタンパク質が飢餓時に栄養源として分解されるのは、飢餓状態が20時間以上になった場合だと考えられています。

ですから、20時間を超える絶食状態にはならないよう（血糖が低い状態を作ることのないよう）、ダイエットをすることが大事になります。

これまでの説明を読んで、ダイエットの目標が見えてきたと思います。

●脂肪細胞からの脂肪酸をエネルギー源に使うようにする
●そのときには、血糖を下げすぎないことで筋肉の分解を防ぐ

この2点に気をつければ、効果的に、そして健康的にやせられます。
これを達成する理論とメカニズムを次の章で考えていきましょう。

第3章

究極の
ダイエット理論

最小限の運動で贅肉を効率よく燃やす方法

いままで述べてきたことからもわかるように、**人間は、食欲を制御することはほぼ不可能**です。

もしかすると、未来には脳を制御して食欲を抑制できる日が来るかもしれません。実際、ブレインマシンインターフェイスといって、脳とコンピューター（機械）をつなぐ研究は盛んに行われていますし、将来的には、映画『マトリックス』で描かれたように、脳に電極を入れて、食欲中枢や報酬系にアクセスして食欲を人工的に制御することができるようになるかもしれません。

しかし、いまは脳の制御どころか機能についてもわからないことだらけで、世界中の研究者が必死になって研究しています。

ですので、本書では食事のコントロールによるダイエットには重点をおきません。

ここでは運動によるカロリー消費に重点をおきますので、食事療法はあくまでもこの運動療法を補助するものとお考えください（ですので、きつい食事制限は設けません）。


しかし、最近のダイエット事情では、「運動はやせない」と言われることも多いみたいです。

たしかに、運動はキツイし、長続きしないし、効果が出にくい、という点があります。


そして、前述もしましたが、「運動でやせるのは難しい」のはたしかです。

なぜなら、「運動によって消費されたカロリーは、少量の食事ですぐに補われてしまうから」です。

それはそのとおりなのですが……。

じつはそれは、**無駄な運動が多いから**です。

運動は、タイミングと強度を効果的に調節すれば、**最低限の努力で最大限の痩身効果を発揮**します。

ここでまずみなさんに聞いてみたいのですが、

「どうして運動をするとやせるのでしょうか？」

みなさんの答えは、「運動はカロリーを消費するから」ではないでしょうか？

それはそのとおりなんですが、では、「運動によるカロリー消費ってなんのことですか？」と聞かれると、途端にわからなくなってしまうのではないでしょうか？

ここでは、**「運動でカロリーが消費されて贅肉が減るメカニズム」**をしっかりと説明します。

このメカニズムがわかれば、効果的かつ最小限の運動法が理解できるはずです。それに基づき、運動で贅肉を効率よく燃やす**「究極のダイエット理論」**を考えてみましょう。

「運動をしてやせる」とは？

運動するとやせる。

これは直観的に理解できると思います。

いま中年太りに悩んでいる年代の方のなかには、中学・高校時代、運動部に所属していて毎日運動をしていたという方も少なくないのではないでしょうか。

中学・高校のころは、尋常でない量の食事をとっていたはずです。

とくに思春期の男子なんてのは、信じられないくらいの米を憑かれたように食し、大量の肉を食し、そのあとにはさらにスナック菓子なんかも「デザート」と称して平気で食べていたりします。

でも、何も考えずにあんなに食べて食べて食べまくっていたのに、全然太らなかった……。成長期ということもあると思いますが、部活動を通しての運動量が半端なかったからだと思います。

運動の痩身効果は、年齢に関係なくきちんとあります。

ここではまず、運動をしたときにどうやってエネルギーが消費されるのか、について説明していきます。

運動をするには、エネルギーがいります。

エネルギーとはすなわち、この本で何度も出てきている「ATP」のことです。

筋肉は、ATPの力で収縮・弛緩して動くことで運動を促しています。

言い換えると、運動とは「筋肉を動かす」ことですから、**運動のエネルギー消費とは「筋肉を動かすことでATPを消費する」ということ**です。

ダイエットにとって重要なのは、この**ATPが何を原料にして作り出されているのか**、ということです。

運動をする際の筋肉におけるATP産生も、基本は「解糖系＋ミトコンドリア」の経路になります。

このとき、筋肉でこの経路に入り込む原料は、おもに3つです。

1. 血中のグルコース（血糖）
2. 筋肉内の貯蔵糖（グリコーゲン）
3. 脂肪酸

この3つのうち、脂肪酸は、贅肉に蓄えられた中性脂肪が分解されたものになるので、ダイエットを成功させる運動とは、この**「脂肪酸を原料にしたATP産生」を促す運動をすればいい**、ということになります。

では、運動時の筋肉におけるATP産生のメカニズムを見てみましょう。

糖（グルコース）を栄養源とした筋肉でのATP消費

運動とひと言で言っても、2種類あります。

ひとつは、瞬発力を主体とする短期間で強度の大きい運動——たとえば短距離走です。

もうひとつは、強度は低いものの長時間持続させる運動——つまり長距離走です。

短距離走のように瞬発力が必要とされる運動は、長時間持続する必要がない分、短時間で大きなエネルギーが必要となります。こういった場合に有用なのがグルコースです。

このときは、とにかく**素早くATPを補充する**必要があります。

ATPの生成は「解糖系＋ミトコンドリア」経路が担うわけですが、このときは瞬発力を得るために、ＡＴＰの量よりも「ＡＴＰを早く供給できること」が優先されます。

そこで、「解糖系＋ミトコンドリア」の経路の前半部分の**「解糖系」だけが活発に動いてＡＴＰを素早く供給**します。

この場合、「解糖系」だけであれば酸素を用いずともＡＴＰが産生でき、素早く筋肉にエネルギーとして供給されます。

しかし解糖系だけで産生できるＡＴＰの量は少ないため、すぐに力尽きてしまいます。

短距離走のダッシュの持続時間が短いのは、そのためです。

だいたい40秒しかもたないとされています。

進化の観点から見ると、この瞬発力というのは、敵が目の前に現れたときに、とにかく逃げるために作られたシステムです。

だから、敵の前から早くいなくなることが優先されるので、長持ちしないわけです（もしくは逆の見方もできます。獲物を見つけた場合には、逃げられないように、素早く捕まえるために使います)。

この瞬発力を生むためのATPを作るのに使われる原料は、グルコースです。しかし、血中のグルコース(血糖)を使うのでは「血中のグルコースを筋肉に取り込む」というステップが加わるので、余計な時間がかかります。少しでも早く効率よくATPを作るため、ATPの原料として、筋肉にストックされているグルコース、つまり貯蔵糖である「グリコーゲン」をグルコースに分解して使います。

筋肉の中には、必ずグルコースがグリコーゲンとして蓄えられています。**瞬発力は、このグリコーゲンをうまく使うことによって、最大限の効果が発揮できます。**

スポーツ選手、とくに短距離走など瞬発力を必要とする競技の選手は、グリコーゲンを制御することがとても大事になります。

このグリコーゲンのストックが枯渇すると、筋肉の疲労が始まり、思うように動かなくなってしまうからです。

　ですので、短距離走などの選手は、競技の本番が近づくと、おにぎりやパン類などの高炭水化物食、さらには糖質エネルギー比率40%程度の食事をとって糖質を取り込ませ、グリコーゲンを多く蓄えるように心がける場合もあります。

　これによってグリコーゲンを多く筋肉に蓄えておき、筋肉の瞬発力を少しでも長い時間持続させることを目指すわけです［31］。


　ひと昔前まではスポーツ選手に無茶な減量ばかりを押しつけるダメなコーチもいたようですが、現在ではスポーツ選手に対し、栄養面からも効果的にアドバイスし、競技に勝つことを目指すようになっています。

　ただし、ここに説明したスポーツにおけるエネルギー消費過程では、ATP産生の原料として脂質をまったく使っていません。

　ということは、この瞬発力を使った運動は、ダイエットにおいては補助的な意味しか持たず、ダイエットに最適な運動法は別にあるということになります。

それでは実際に、贅肉のもとである**脂肪酸を燃やす運動**について理解していきましょう。

脂肪酸を栄養源とした筋肉でのATP消費

さて、ここからが本番です。

この本を読んでいるみなさんが知りたいのは、糖質を減らす方法でもアミノ酸を減らす方法でもなく、**「脂肪」を減らす方法**のはず。

さっそくそのメカニズムを説明します。

何度も言いますが、運動する、つまり筋肉を動かす場合にはATPを使います。

その場合の原料となる栄養素は、おもに糖質（グルコース、グリコーゲン）と脂質（脂肪酸）です。

糖質と脂質（脂肪酸）は、運動をしているときは両方とも使われていると考えて構いません。

ひと昔前には、「脂肪が燃焼し始めるのは、運動開始後20分後から」とよく言われていました。

しかし、これは間違いです。

運動を始めたときから、脂肪酸はＡＴＰ産生の原料として使われています。

ただし、大事なのは**「いかに脂肪酸を多く使うように運動するか」**ということになります。

その決め手となるのが、運動の強度です。

筋肉は、運動の強度によって栄養源（ＡＴＰの原料）の取り込み率が変わります。

強度が高い運動ほどグルコースを栄養源として取り込む率が上昇するのに対して、息が切れる程度の速足の散歩、またはジョギング程度の**強度の低い運動**

では、栄養源のなかでも、脂肪酸の取り込み率が上昇します。

貯蔵されている脂質である中性脂肪は、運動の際にどのように消費されるのかを具体的に考えてみましょう。

中性脂肪の蓄えられている場所というと、すぐに思い浮かべるのは贅肉でしょう。

しかし、運動の観点から考えると、もうひとつ重要な中性脂肪の貯蔵場所があります。それが**筋肉**です。

ひと昔前には、肥満の人は「異所性脂肪」といって、贅肉以外の臓器に中性脂肪が存在していることが指摘され、健康にとってよろしくない、と言われていました。これはこれでそのとおりで、脂肪肝などがそのいい例です。

しかし、例外がありました。

まず、肥満患者の筋肉の中には、たくさんの中性脂肪が詰まった**脂肪滴**《しぼうてき》が存在しているのが確認されました。

当然、やせている人やアスリートの筋肉には、こういった異所性の脂肪が少ないのだろうと考えられていました。

ところが、です。

なんと、**やせているアスリートの人たちの筋肉の中にも、肥満の人と同じくらいの量の中性脂肪が脂肪滴の形で存在していることが確認された**のです。この現象は「アスリート・パラドックス」と呼ばれました[32]。

肥満の人は、中性脂肪のターンオーバーが遅い

しかし、研究が進むと、この「アスリート・パラドックス」の謎が解けてきました。

たしかに筋肉に含まれている中性脂肪の量は、肥満の人もアスリートの人も同じでした。しかし、**その性質が大きく異なっていた**のです。

まず、肥満の人の脂肪滴は大きくて、一つひとつの脂肪滴が大量の中性脂肪を

含んでいました。

一方、アスリートの人たちの脂肪滴は小さく、そのかわり数がたくさんありました。

そしてもっとも大きな違いは、アスリートの人たちの脂肪滴の周りには**たくさんのミトコンドリアがあった**ことです。


これはとても合点がいきます。

ＡＴＰの産生経路は、通常の場合「解糖系＋ミトコンドリア」だったと言いました。そして、脂肪酸は、この経路のミトコンドリアに直接入っていくことができると説明しました。

単純に、**ミトコンドリアの数が多いということは、ＡＴＰの産生工場がたくさんあるということ**です。

ですから、当然アスリートの筋肉ではＡＴＰの産生量が増加しています。

つまり、**アスリートの人たちは、筋肉内の脂肪酸をＡＴＰの原料にしやすい状態にある**ことを示しています。

そして、**肥満の人とアスリートでは、脂肪滴の大きさが異なる**ことにも注目です。

肥満の人の脂肪滴が大きい、ということは、**脂肪滴の中の中性脂肪のターンオーバーが遅い**ことを示しています。

肥満の人の大きな脂肪滴の周りにはミトコンドリアの数が少ないので、脂肪滴の中に保存されている中性脂肪はいつまでも消費されることがなく、ぶくぶくと大きくなっていくのです。

ところが、アスリートの脂肪滴の中の中性脂肪は、つねに脂肪酸に分解されるので、周囲にあるミトコンドリアにＡＴＰの原料としてどんどん消費されていきます。

そのため、いつでも新陳代謝を繰り返しているので、脂肪滴が大きくなる暇がありません。だからサイズが小さいのです（図11）。

もちろん、運動後にはこの脂肪滴の中の中性脂肪は減ってしまいます。

図11

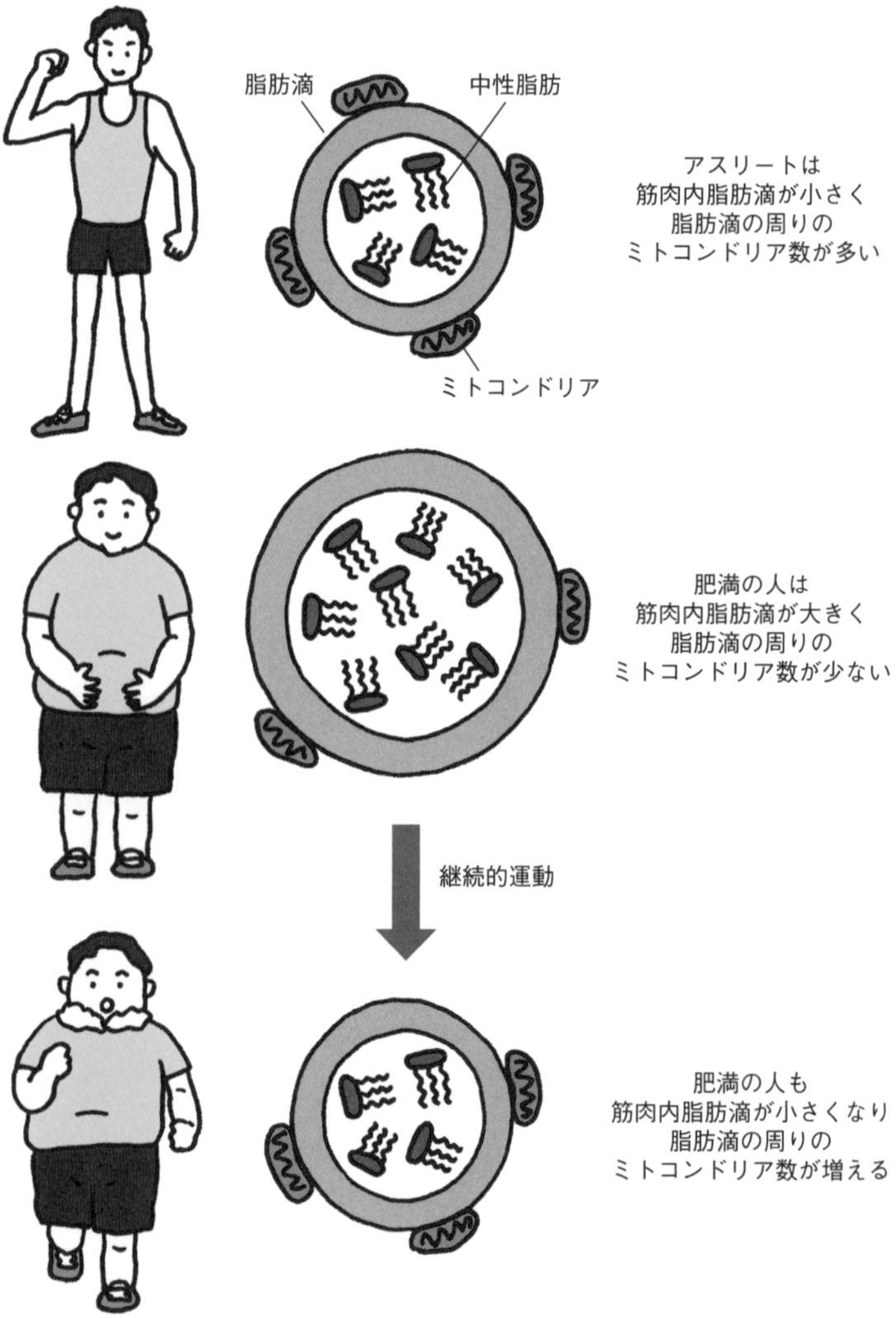
脂肪滴
中性脂肪
ミトコンドリア
アスリートは
筋肉内脂肪滴が小さく
脂肪滴の周りの
ミトコンドリア数が多い
肥満の人は
筋肉内脂肪滴が大きく
脂肪滴の周りの
ミトコンドリア数が少ない
継続的運動
肥満の人も
筋肉内脂肪滴が小さくなり
脂肪滴の周りの
ミトコンドリア数が増える

でも、すぐに補充されます。

では、運動後に筋肉細胞の中の脂肪滴に補充される中性脂肪（脂肪酸）は、どこからやってくるのか？

それは、血中を流れている脂質成分です。これは肝臓または贅肉の脂肪細胞から分解されて放出されたものです。

この**「贅肉由来の脂肪酸」を使えばやせる**ことになります。

この血中にある脂肪成分は、ダイエットにとって非常に重要な位置を占めます。なぜなら、運動時には、筋肉中の脂肪滴から放出されている脂肪酸だけでなく、血中由来の脂肪酸もＡＴＰの産生源として使用されるからです。

そして運動後も、減ってしまった筋肉内の脂肪滴を復活させるために、さらに血中の脂肪成分を取り込むことになるからです。二重においしいです。

では、この血中の脂質成分はどうやったら増えるのか、つまり**脂肪細胞から**

放出されるのでしょうか？

それが、**運動**です。

しかも、短距離走の選手のように、糖やグリコーゲンをエネルギー源にする運動ではなく、長距離走の選手のような、**脂肪酸をエネルギー源として使う強度の低い運動を長時間続けること**です。

贅肉の脂肪細胞の中で、脂質成分は中性脂肪の形で保存されています。

運動することによってアドレナリンが高まると、このアドレナリンが脂肪細胞内の中性脂肪の分解を促します。

こうして脂肪酸はタンパク質などとくっつきながら、脂肪細胞から血中に放出されます。

この放出された脂肪酸成分がきちんと筋肉に吸収されなければ意味がありません。しかし、ここにも運動が有効に働きます。

中性脂肪として血中を運ばれてきた脂肪酸が筋肉で「荷下ろし」されて、筋肉の中に取り込まれます。

この脂肪酸は、運動中はエネルギー源として、運動後は失われた脂肪滴の補充に使われます。

この筋肉における脂肪酸の使用は、運動後、約12〜18時間持続します。

このことから、**強度の低い運動を比較的長い時間（30分程度）行うことで、血中の脂肪酸の使用が促される**ことがわかると思います。

空腹時の運動が贅肉を消費させる

もうひとつ、贅肉を消費させる運動の方法があります。

それは、**空腹時に運動すること**です。

お腹がすいているときは運動する気にはならないですし、食べた分を運動で消費しようと考えて、食後に運動する人も多いかと思います。

しかし、これは間違いです。

やせたければ、**朝、お腹がすいているときに運動するべき**です。

現在、陸上の長距離選手は、強度の低い運動を朝食前に行っています。

これは、**自分の体がエネルギー源として脂肪酸を使いやすい体になるよう、改造しようとしているから**です。

長距離走では筋肉の疲労を防ぐために、グリコーゲンをなるべく枯渇させないように長時間維持することも大事です。

その場合、可能な限り、糖質以外の栄養素を原料としてＡＴＰを産生させやすい筋肉を作り上げることが大事です。

そのためには、**朝食前の、血糖値が低い状態で運動することで、筋肉内のグリコーゲンの量を減らす**ことが大切なのです。

このトレーニング法は、「train《トレイン》 low《ロー》」と呼ばれています。

筋肉内のグリコーゲンが少ない状態で運動を続けることで、筋肉は糖質（グル

図12

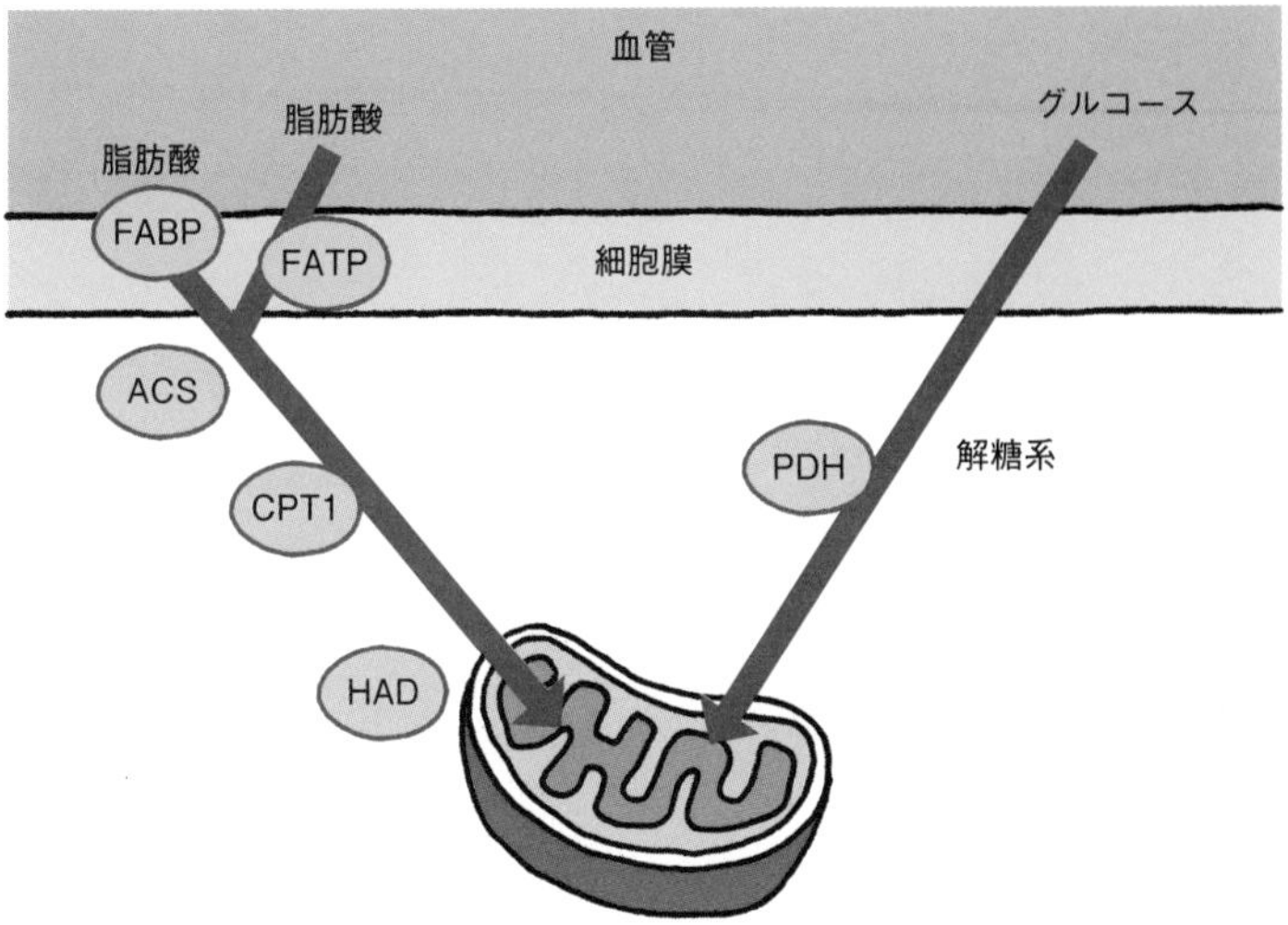

コース）より脂質（脂肪酸）を使いやすい状態に変化していきます。

つまり、血糖値の高い食後に運動をするとエネルギー源として糖への依存度が高くなるのに対して、空腹時に運動をするとエネルギー源として脂肪酸への依存度が高まるわけです［33］［34］。

図12を見てください。

筋肉細胞における栄養素の代謝経路を示しています。

右半分がグルコースからATPを作る経路（つまり「解糖

系」です）、左半分が脂肪酸からＡＴＰを作る経路です。
両方とも最終的にはミトコンドリアでつながっています。

しかし、じつはこのそれぞれの経路のなかで、「ＦＡＢＰ」などの赤丸で記した部分が、長期間、継続的に低強度の運動を続けることによってその活性化が促される部分です。

つまり、経路のなかに赤丸部分が多いほど、運動後に優先的にＡＴＰ産生に使用されている経路となります［35］［36］［37］。

ひと目見ればわかりますが、血中からの取り込みに関わる部分から始まって、脂肪酸の代謝経路に赤丸部分が多くなっています。

つまり、代謝経路の観点から見ても、**低強度の運動を長期間続けると脂質を燃焼しやすい体になっている**ことがわかります。

さらに、糖代謝と脂肪酸代謝に共通するＡＴＰ産生装置であるミトコンドリアの数は、**長期間運動を続けることで爆発的に増加**しています。

つまり、継続的に運動を続けると、筋肉の中では脂肪酸を燃料にしやすい環境ができるうえに、エネルギー（ATP）産生工場の数まで増えるというわけです。

このことは、筋肉の細胞レベルだけでなく、実際に人間を対象とした研究でも確認されています。

3カ月以上の運動習慣を続けた前と後で、エネルギー源として使われた比率を栄養素ごとに比較すると、**3カ月の運動習慣後には糖（グルコース）よりも脂質をエネルギー源として利用する率が上昇する**というわけです［33］［34］。

これでわかってきたと思います。

ダイエットを成功させる運動のコツとは、「お腹がすいているときに低強度の運動を長時間すること」です。

筋肉に着目した成功するダイエット

私が「お腹がすいているときに運動するのがいいですよ」と言うと、必ず一部の医師や運動マニアの人たちが泣きわめいて反論してくるのが、

「空腹で運動したら筋肉が萎縮してしまうだろ！　そんなことも知らないのか！」

です。

もう、すごい剣幕です。

ダイエットだけでなく、医学全般について論じるときは感情的になった段階でアウトなんです。

精神論ではやせませんから。

それはさておき、どうやらダイエットの業界では、空腹で運動をしてはいけな

いことは常識になっているようですね。

うーーん。

でも、流行りのダイエットサポート会社のダイエットメニューは、徹底した糖質制限を行いつつトレーナーさんが運動療法の指導をしているし……これだと筋肉は大丈夫なのだろうか……？

この疑問をぶつけると返ってくるのが、「糖質制限はしていても、タンパク質や脂質の制限は緩いから大丈夫。タンパク質を補充していれば筋肉が萎縮することはない」です。

うーーん。

じつは、ダイエット中のタンパク質やアミノ酸の補充がどれほど筋肉量の維持に貢献しているかの研究については、まだはっきりしたことがわかっていないのが現状です［38］［39］［40］。

ただはっきりしていることは、**運動は筋肉量を必ず増やす**ということ。

そして、**筋肉を保つために絶対的に必要なのはインスリン**だということです［41］［42］。

つまり、糖質制限した状態で運動をすると、インスリンの分泌が低下しているので、筋肉を保つことは難しいということになります。

そして、運動によって筋肉が壊れた場合、修復にはエネルギー（ATP）が必要です。

この場合、糖（グルコース）がATPの原料になります。

つまり、**運動した際には糖分（炭水化物）の補給は必須**ということです。

ですので、本書で提案する運動によるダイエットでは、朝の空腹時の運動後には、必ず朝食をしっかりとってもらうことになります。

なぜなら、**運動後の食事で生理的な血糖上昇とインスリン分泌を促し、筋肉量の保持と増加を目指すため**です。

そして、運動をしたときに筋肉が果たすもうひとつのダイエット効果があります。

それは、近年注目されている**マイオカインの効果**です。

従来、筋肉とは収縮と弛緩を繰り返すことで運動をしているのだと考えられていました。

しかし、近年になって筋肉そのものがいろいろな活性物質を分泌して、ほかの臓器と連絡を取り合い、全身の状態を調整していることがわかりました［43］［44］。

この筋肉が出す分泌物質を、「マイオカイン」と総称しています。

そのマイオカインのうち、「FGF－21」という物質には、**食欲を抑制する効果**が認められています。

また、同じくマイオカインである「IL－6」と呼ばれる物質は、**筋肉における糖の取り込みと中性脂肪の分解を促進**します。

つまり、運動はダイエットにちょうどいいのです。

まとめ

ここまでで明らかになったことをまとめて、ダイエットに最適な条件を考えてみましょう。

1　空腹時に運動すること

2　低強度の運動を長時間行うこと

3　あせらずゆっくり、この運動習慣を続けること

以上の知見をもとに、次章の最終章でいよいよ実現可能な効果的ダイエットを提示いたします。

第4章

実践編

簡単で無理なく続けられる「持続可能」なダイエット法

ここまで読んでいただいて、「食事を制限するダイエットは持続しない」ことと、「体の中で脂肪酸をエネルギー源として効率的に燃焼するタイミングで運動をすればいい」ということがおわかりいただけたかと思います。

要点は3つ。

1 空腹時に運動すること

2 低強度の運動を長時間行うこと

3 あせらずゆっくり、この運動習慣を続けること

ここで私がこれらの最新の知見に基づいて患者さんたちに実践し、成功しているダイエットの方法を紹介していきます。

運動療法

運動に関しては、空腹時に運動をするようにします。

陸上の長距離選手たちが行っているTrain low法の応用です。Train low法では、空腹時に運動することで筋肉の貯蔵糖であるグリコーゲンを減らして、そのうえでの運動を促すことで脂肪を使いやすい筋肉を作っていきます。

ですので、運動は一日のうちでいちばん空腹のとき、すなわち**朝食前に行うのが効果的**です。

さらに、運動を開始したときには、血糖を低めに保っていたほうが脂肪酸の利用を促します。

朝、運動を開始するときに血糖を不必要に上げないようにするにはどうすればいいでしょうか？

まず、前日の夕食は早めにとることが大事です。

人間は、寝ている時間も生きていなければいけません。

寝ているあいだは当然、何も食べません。

しかし、この就寝中（だいたい8時間くらい）に血糖が下がりすぎて死んでしまう、ということはありません。

その理由は、寝ているあいだ、人間の脳はインスリンの効果を弱めるホルモンである成長ホルモンを分泌させて、血糖が下がりにくいようにしているからです。

ただでさえ夜の遅い時間は体が成長ホルモンの力を借りて血糖を下げないようにしているのに、寝る前に食事をとってしまったら、寝ているあいだの血糖は高くなるばかりです。

ですから、**就寝時間近くに物を食べては絶対にいけません。**

さらに、空腹時には人間の体は血糖を維持するために、肝臓に貯蔵されているグリコーゲンを分解して血中に放出しています。

当然、寝ているあいだ、血糖が低くなりすぎないように、この肝臓のグリコーゲンが分解されて放出されています。

計算によると、**夜、空腹の状態で睡眠をとることによって、肝臓のグリコーゲンは60％近く減ります。**

この状態で低強度の運動を長時間行う習慣をつければ、徐々に**脂肪を燃焼しやすい体に変化**していきます。

具体的に運動療法のやり方を説明すると、

1　寝る3時間前までに夕食をすませる
2　夕食後から寝るまでのあいだは何も食べない
3　朝食前に30分程度の散歩をする

これだけです。

朝の散歩は、歩行での通勤で代用すればさらに習慣化できると思います。

その場合には、職場についたら必ず朝食をとるようにしてください。

私のこの運動療法を聞いて、

「夕食を早めにとって空腹状態で寝てしまい、朝ごはん前に運動するだなんて何を考えているんだ！　危険なダイエットだ！　低血糖になってしまうぞ！」

と、真剣に言ってきた医者がいました。

大丈夫です。**低血糖にはなりません。**


低血糖とは、「血糖値が70㎎／dℓより低くなった状態」と定義されます。

たしかに危険な状態です。

しかし、人間の体には低血糖を回避するさまざまなシステムがあるので、健康な人が数日絶食したり激しい運動をしたりしたくらいでは、血糖値が70㎎／dℓより低くなることはまずありません。

中学・高校時代に運動部に所属していた人のなかには、朝練をやっていた方もいらっしゃるかもしれません。

中高生が、毎日きちんと朝食をしっかり食べて朝練に参加していたと思いますか？　ぎりぎりまで寝ていたくて、朝ごはん抜きで練習に参加したことだってあったはずです。

それで低血糖で倒れた生徒なんて見たことありますか？

低血糖を起こすのは、糖尿病の患者さんなどで、インスリンはじめ血糖を下げる薬を使っている場合がほとんどです。

ですから、現在薬を使用している糖尿病患者さんは、ここに書いたダイエット法を実践しようと思う場合は必ず主治医に相談してください。

ただ、そうでない場合には大丈夫です。

私はべつに、厳しい食事制限や過度の運動を提案しているわけではありません。

「夕食は寝る3時間前までにとって、朝起きたら散歩しよう」という健康的な生活を勧めているだけです。

食事の適切なとり方

ダイエットをするうえではもちろん、食事もその効果に大きな影響を及ぼします。

しかし、本書ではあえて食事制限は指導しません。

何度も言ってきたとおり、食事をとることは人間にとって必要不可欠であると同時に、脳にプログラムされた決して抵抗することのできない仕組みです。

一時的に抑え込めたとしても、長期的に食欲を制御することはできません。

つまり、食事指導は現実的ではないのです。

食事を我慢しなくても、要は食べすぎなければそれでいいわけです。

ここでは、本書が提案する「運動中心のダイエット」を補助する意味での**「食べ方のコツ」**を紹介します。

食事に関しては、ここに書いてあることを実践するだけで充分です。

1 寝る3時間前までに夕食をすませる。そのあとは寝るまで何も食べない

これに関しては前の項目で書いたとおりです。

血糖値を上げず、空腹の状態で朝に運動するために重要です。

2 食べる順番を工夫する

これは京都大学糖尿病栄養内科学講座の教授をしておられた清野裕《せいのゆたか》先生らが報告した食事のとり方です。

血糖の上がりにくい食事の仕方として、日本人を対象に行った研究成果で、血糖を上げにくくするだけでなく、いくつかの点においてダイエット時の食事法としては極めて有効かつ簡単な方法です。

それは、**野菜などから始めておかずだけを先に食べてしまい、最後にお米（ごはん）を食べる**という方法です［45］。

この方法で食事を摂取すると、**血糖の急激な上昇が抑え込まれます。**この現象には、食事によって腸管から放出されるＧＬＰ－１という物質が関与しています。

ＧＬＰ－１とは、インスリン分泌を補助するホルモンです。

「インスリンが放出されたら太っちゃう」と思ってしまった人は、まだ糖質ダイエットの洗脳から解かれていない証拠です。

詳細は省きますが、ＧＬＰ－１は、生理的にインスリン分泌を強めてくれます。清野先生らが提唱したこの食事法をとると、ＧＬＰ－１の放出が促され、結果としてインスリン分泌能が弱まっている糖尿病患者さんにインスリン分泌を増強してくれて、血糖値を改善していると考えられます。

では、この糖尿病患者さん向けの食事法が、なぜダイエットに有効なのか？

このＧＬＰ－１に似た構造をもつ薬、すなわちＧＬＰ－１製剤という注射薬

（最近では内服薬も出ました）があります。

日本でも糖尿病治療薬として使用されており、私も何人もの糖尿病の患者さんたちに使用していますが、副作用が少なくとてもいい薬です。

じつはアメリカでは、この薬としてのＧＬＰ－１製剤は、**抗肥満薬**としても使用されています。

ＧＬＰ－１は脳に作用して満腹感を作り出し、食欲を抑制してくれる作用があります。そのため、ＧＬＰ－１製剤には抗肥満薬として効果があるのです。

ただし、日本では抗肥満薬としての使用は認可されていません。

日本で抗糖尿病薬として使用される量の約2倍弱の量を使用しないと、痩身効果は顕著ではないようです。

近年、保険外適応で、この薬を肥満治療の目的で糖尿病でない患者さんに処方することが問題になりました。

私も基本的には現段階で、日本で肥満患者さんに治療目的で使用することはありません。

アメリカにおけるＧＬＰ－１製剤の痩身効果を否定するわけではありませんが、日本における肥満と欧米における肥満の質は異なるので、日本人に対しての効果（ほぼ倍量投与するという点において）には充分なエビデンスがありません。

倍量投与の副作用に関しても、日本人では充分な検証がされているとは言えない状況です。

ただし、それは外から投与する「非生理的なＧＬＰ－１」に関してです。体の中から自然に出てくる、**自分の体が作ったＧＬＰ－１なら安心**です。

ですので、清野先生らが提唱されたこの食事法、血中の自分の体由来のＧＬＰ－１を増やすのですから利用しない手はありません。

患者さんにお勧めすると「変なごはんの食べ方だなあ」と言われますが、この食事の順番、じつは会席料理と同じです。

日本伝統の食べ方は、じつは**日本人に適した健康的な食べ方**であったとも言えるわけです。

この食べ方からわかるように、逆にあまりダイエットに向いていない食事は、「主食であるごはんやパン、麺類とおかずが一緒にとれてしまう食事」です。具体的には丼もの、麺類、サンドウィッチやハンバーガーなどということになります。

3　早食いをせず、食事は決められた時間にとる

早食いをしないことは、ダイエットの基本です。というか、**健康を保つ基本**です。

私も論文にして発表したことがありますが、以前、健康診断を受けた人たちに「あなたは自分で早食いだと思いますか？」という質問に答えてもらいました。

そこで「早食いだと思う」と答えた人の健診のデータと、「早食いではない」と答えた人のものとを比べてみたら、なんと「早食いだと思う」と答えた人のほうが、体重だけでなくメタボの診断基準になる検査値がすべて高い値を示してい

ました［46］。

早食い恐るべしです。

先述の清野先生らが提唱された、「食べる順序」に配慮した食べ方によって GLP－1分泌が高まる理由はいくつか考えられますが、そのひとつに「食事に時間がかかるから」というのがあります。

おかずとお米のごはんとを一緒に食べている状態を想像してください。

どちらかというと、おかずを流し込むような形でごはんを食べていませんか？ こうなると、不必要にごはんをおかわりすることになります。そうすると、全体の食事量が増えてしまいます。

おかずを食べて最後にごはんだけ、という状態になると、ごはんだけをおかわりしてモリモリ食べ続けるというのはちょっと難しいです。

だから、結果として食べすぎなくなります。

ただ、お腹がとてもすいているときはどうしても早食いになります。

よく「30回噛んで食べなさい」なんて言いますが、お腹が減っているときはまどろっこしくてやってられません。

これに対して私は、一時期「利き手じゃないほうの手を使って食事をしてみて」と指導したことがあります。

つまり、右利きの人だったら左手で箸を持って食事してくれ、ってことです。

これ、効果てきめんでした。食事にすんごい時間がかかるようになって、早食いしなくなりました。

でも、大きな落とし穴がありました。

1カ月もするとみなさん、慣れてしまって**利き手じゃないほうでもスムーズに箸が使えるようになっちゃって**……大失敗です。

そこで、現在推奨しているのが「早食いのままでいい。30回噛まなくていい。**カレーは飲み物でいい**。ただし、ひと口、口に食べ物を運ぶたびに箸（スプーン／フォーク）を手から離して机の上に置いて」です。

このやり方は結構うまくいきます。先ほどの清野先生らの方法と一緒に実践すれば効果てきめんです。

お試しください。

あと、決まった時間にとる食事も大事です。

長いあいだ私と一緒に研究している福島県立医大特任教授の前島裕子《まえじまゆうこ》先生は、食事によって上昇したＧＬＰ－１が脳に働きかけて体内時計を調整し、概日《がいじつ》リズム、つまり一日のリズムを作り出していることを発見しました［47］。

一日のリズムのなかで食事をしないと、この体内時計が狂ってしまいます。

そして、体内時計が狂ってしまうと太りやすくなります。

よく夜勤などの仕事をされている方が太り気味になってしまう傾向があるのは、夜中に食事を摂取することによって体内時計が狂ってしまった結果とも考えられます。

このダイエットによる健康効果

さて、本書で提案しているダイエット法ですが、決してつらいものではありません。さらにはダイエットだけでなく、さまざまな健康効果が期待できます。

現在、日本では高齢化社会の到来が問題となっています。
いまこの本を読んでいるあなたも、将来は必ず高齢者になります。
その際に問題になるのは、実際の寿命と健康寿命のギャップです。

寿命というのは、いわゆる寿命です。
現在、日本人の平均寿命は、**男性は約81歳、女性は約87歳**です。
おお、長生きできるんだなあ、と思いますよね。
ところがです。
健康寿命、すなわち平均寿命から、寝たきりや認知症などの介護状態の期間を差し引いた年齢は何歳だと思いますか？

男性は約72歳、女性は約75歳です。

つまり、男性も女性も、**寿命が尽きる前に寝たきりなど介護が必要な期間を約10年間も経験する可能性がある**ことを示しています。

寝たきりなど介護が必要な状態に至るには、さまざまな要因があります。

なかでも多いのは、脳梗塞《のうこうそく》や脳出血などの後遺症、さらに転倒などで骨折してしまって寝たきりになってしまう場合も多く認められています。認知症の発症も、現代の日本が抱える大きな問題です。

本書で紹介したダイエット法は、無理なく続けることができて、その効果が持続するようにデザインされています。

体重の長期的な減少と維持は、**高血圧の発症を抑制**します。これはすなわち**脳梗塞や脳出血の予防**になります。

さらにはこのダイエットを実践することは、長期間にわたって運動を続けることになります。ゆえに、筋肉や骨が丈夫になり、骨折のリスクが低下します。

そして何より、運動を続けることによって、**認知症の発症を予防する効果**が期待できます。

運動を行った場合には、脳における認知機能向上に必須とされているBDNF(brain derived neurotrophic factor)が増加することが確認されています。

つまり、**「無理なく続けられるダイエット法」**である本書の方法は、あなたの体重を減らすだけでなく、**豊かで健康的な長寿生活も保証**してくれます。

こんなとき、どうする？

ここからはダイエット中に生じるさまざまな悩みについて、解決策を提示しておきます。

「どうしてもお腹がすいて食べたくなってしまったときは、どうすれ

ばいいですか？」

もっとも多い悩みです。

この現象は**クレービング（渇望）**と言います。

本書で提示したダイエット法は、夕飯を早めにとってから寝るまで、食事は一切しないことになっています。普段から夜食の習慣がある人にとっては、つらいかもしれません。

いちばんやってはいけないのが、「少しだけ食べよう。そうすれば少しは我慢できるだろう」です。

絶対に少しだけでは終わりません。**気づくとドカ食い**です。

そこで、こういった食欲を抑える方法について、科学的に説明します。

クレービングにおける食欲は、脳における報酬系の働きのせいだと思われています。

本来、充分な栄養をとっているにもかかわらず、夜食など、食べる必要のない時間に食欲が渇望感となって強烈に襲ってくるからです。

この報酬系というのは完全に制御することは難しいのですが、部分的にこの部分を鎮める方法が報告されています。

それは、**「甘い液体でうがいをすること」**です。

このことについては、fMRIという脳の活動を見る装置で測定したところ、甘い液体でうがいしたあとに報酬系の部分の活動が抑制されていることが確認されました[48]。

つまり、甘いものでうがいすることで、脳が「食事をした」とだまされてしまったというわけです。

もちろん、甘い液体でうがいして満腹感を得るわけではありませんが、少なくともクレービング（渇望）感を軽減することができ、余分な食事を摂取しないですみます。

私は実際に外来で、患者さんにこの方法をお勧めしています。

ある患者さんがいろいろな甘い液体で試してみたところ、もっとも効果的だったのは、**冷たいココアを使ってうがい**したときだそうです。

これはいいことを聞いた、と思い、私はこれにひと工夫を加えた方法を患者さんに勧めています。

人間が「味」を感じるのは舌の上だけではありません。おいしく味わううえで重要な役割を果たしているのが嗅覚です。

風邪をひいて鼻が詰まってしまうと味がしなくなりますよね。

ココアのおいしさというのは、味だけでなく香りを感じることにあります。

ココアを飲もうと思ってマグカップを口に近づけたときに、すでにあま〜い独特の香りが鼻腔をくすぐるではありませんか!

これを使わない手はありません。ココアの香りも楽しめば、さらに脳をだますことができるはずです(それに楽しいではありませんか!)。

やり方はこうです。

まず舌の上に少量のココアをのせます。そして、口から息を吸い込んで、肺に空気を到達させたあとに口を閉じ、口の中の少量のココアでうがいしながら鼻から息を吐きます。すると、ココアを飲んでいるかのような甘くおいしい気持ちが味わえます。何回か繰り返したら口の中のココアは吐き出してください。

この「ココアうがい法」、べつにｆＭＲＩで検証したわけではないので、この本の中では唯一と言っていい「エビデンスのない」経験に基づくダイエット補助法です。

ただ、私の外来の患者さんたちにはこの方法の評判がとてもいいので、みなさんにもお勧めします。

ぜひ、試してみてください。

「飲み会や付き合いなどで、夜遅い時間に食べなければいけないことがある」

こんなときは食べてください。お仕事も大変です。ダイエットだって、ずっと続けていればたまには休むときが必要です。

毎晩、飲み会があるわけではないでしょう。

次の日からまたもとの生活に戻ればいいだけです。

ただ、注意してほしいのは一点だけです。

飲み会が終わったあとに、「締め」と称してラーメンだの雑炊だのを食べるパターンがあります。

これだけはやめてください。

もし飲み友達に締めに誘われたら、全力で逃げてください。

お酒を飲んでいるときは、満腹なはずなのに「締め」と称して夕飯1食分くらいのボリュームのある量を食べることができてしまいます。

これは、**お酒が脳の満腹中枢を狂わせてしまう**からです［49］。

つまり、満腹を感じにくくなっているのです。

しらふのときに、お腹いっぱいに食べた直後にラーメンは食べられませんよね。でもお酒を飲んでいるときはこれができてしまうのです。

異常な事態です。

こんな状態で食べた締めの食事は、**ただの体の毒**です。

ダイエットの大敵ですので、気をつけてください。


「運動……正直疲れるし……雨が降ったら外で運動はできないし……」


そうですよね……運動、きついですよね。

まずはつらくない範囲で運動習慣を始めるということで、本書ではウォーキングを設定していますが、それでも続けるのが難しいという方は多いと思います。

ましてや、本書で勧める運動法は、空腹時での運動です。やる気が出ない方もいらっしゃることでしょう。


私は本書のダイエット法を多くの患者さんに指導していますが、10分程度運動をして、「無理だ」とやめてしまう方も少なくないようです。

ここはだまされたと思って、まずは**15分だけ運動を続けてみてください。**

運動するとき、最初の10分間はとてもつらく感じます。

最初の10分間は、「どうやって運動をやめようか」ということばかり考えます。

しかし、**10分を超えたあたりから、脳内麻薬の分泌が始まります。**いわゆるランナーズハイです。

ですから、とにかく15分運動してください。

運動を始めたときに感じた苦しさと、15分続けたあとの苦しさを比べてみてください。確実に苦しさは軽減しているはずです。

「これならがんばれば続けられるかも」

と感じるはずです。

あと、**運動中に音楽を聴く**ことも効果的です。

運動することの苦しさに感覚を集中していると心が折れます。

お気に入りの曲、とくに興奮する曲を聴いていると楽になります。興奮するとアドレナリンが出ます。運動が途端につらくなくなります（ただし事故には気をつけてください）。

それでも疲れたなあ、と思ったときは先ほどの「甘い飲み物でのうがい」を試してください。

この方法は、もともと**スポーツ選手の疲労を回復する方法**として考案されたものです。

実際に運動中に疲労を感じたときに甘い飲み物でうがいをすると疲労回復につながり、運動のパフォーマンスが向上することが確認されています。

すでに15分以上運動し、甘い飲み物のうがいも試みて、それでも「もうこれ以上無理」と思ったとき……それは限界です。運動を終了して大丈夫です。

これはマラソン選手でも起こる現象です。

マラソン選手はときに走っている途中で「壁にぶつかる」ということを体験することがあります。

選手本人はどうにも体が動かなくなってしまって、体が異常を来したと感じます。そして悔しさを感じながらも棄権することになります。医務室に連れていかれて精密検査を受けてみても、異常は指摘されません。

ひと昔前によくいた根性論ばかりを重視するコーチや部活顧問だと「気合いが足りないからだ！」などと無茶苦茶なことを言って選手を落ち込ませてしまうところですが、じつは現在では科学的にきちんと説明がついています。

これは、**体内のグリコーゲンが完全に枯渇してしまっている状態**なのです。

ダイエットに挑戦するみなさんは、運動不足の状態に陥っている場合がほとんどですから、負荷の軽い運動でもグリコーゲンの消費につながりかねません。どうにも疲れてしまったときは、グリコーゲンが消費されてしまったときです。

こういうときは、運動を終了するにふさわしいときです。

ただし、スポーツ選手のように完全に枯渇していることはありません。危険はないので安心してください。朝ごはんを食べて休めばもとに戻ります。

でもこれこそ、あなたが脂肪を消費しやすい体に変えるうえで避けて通れない道です。

スポーツ選手だって、グリコーゲン枯渇の壁に当たらないようにするために空腹状態での運動をして、脂肪酸をエネルギー源に使いやすい体を作っているのです（前に説明したtrain low法ですね）。

あなたの体もダイエット成功に向けて、改造している途中ということです。

3カ月も続ければ、驚くほど運動ができるようになります。

ちなみに雨が降ったとき……運動イヤになりますね。運動しない、いい言い訳になりますし。

打ち勝ってください。

工夫次第です。

雨が降ったときは、室内で階段の上り下り、または踏み台昇降を20分だけしてみましょう。

場所が会社だった場合、職場の人に見られたら恥ずかしいですか？

だったら、携帯電話を耳に当てて話している振りをしながら階段を上下すれば、誰も話しかけてなんかきません。

またはスクワット1分＋もも上げ15分でも代替可能です。

とにかく、**空腹時の低強度の運動を絶やさない**、これが脂肪燃焼を促す体に改造するうえで大事なことです。

絶対にリバウンドしない「持続可能なダイエット目標」

このダイエット法は、急激に体重が減ることはありません。

でも、**この方法ならば、リバウンドはしません。**

みなさんはいままで何度もダイエットに挑戦してきたはず。

一時的に5キロ近く体重を落とすことに成功した経験のある人もいるでしょう。

でも、確実にもとに戻ってしまったはずです。

だとしたら、まずはリバウンドなしで体重を減らすこの本のやり方を実現してみてください。

このダイエット法を実践していれば、だんだん体力がついてきます。

最初は朝の散歩でも疲れていたのに、そのうちゆっくりとしたジョギングができるようになります。

最終的には結構な負荷のかかる運動もこなせるようになります。

そうすれば、体重もどんどん減っていきます。

思い出してください。学生時代、体を動かすことが楽しくて仕方なかったころを。

あの時代に戻れます。

そして、体重も戻ります。

これからは実行可能なダイエットが大事なのです。

いま流行りの**ＳＤＧｓ**です。

本当のＳＤＧｓはSustainable Development Goals（持続可能な開発目標）ですが、今回私が紹介したダイエット法は同じＳＤＧｓでも**Sustainable Diet Goals、つまり「持続可能なダイエット目標」**です。

どうですか？
今度こそうまくいきそうだと思いませんか？

うまくいきます。

高速代謝トレーニングのやり方

A〜Dのいずれかの運動を、起床後、朝食前に行ってみましょう。
ご自身の普段の運動量や生活スタイルから、
取り入れやすい方法を選んで実践してみてください。
時間はあくまで目安ですので、ウォーキング・もも上げ・踏み台昇降等の
「低強度の運動」の場合は、「軽く息が切れる程度」を目安にしてください。

Aコース ウォーキング30分
Bコース ジョギング15分
Cコース スクワット1分+もも上げ15分
Dコース 踏み台昇降20分

A
コース

ウォーキング30分

運動に慣れていない方は、まずはウォーキングから始めてみましょう。強度を上げたい場合は、50メートルダッシュを2〜3本したあとに、ウォーキングを20分行うようにしましょう。

B
コース

ジョギング15分

ウォーキングなどに比べると、強度の高い運動のため、より高い効果が期待できます。

C
コース

スクワット1分 + もも上げ15分

低強度の運動(もも上げ)の前に強度の高い運動(スクワット)をすることで、筋肉中のグリコーゲン消費が高まり、脂肪酸利用の促進が期待できます。

スクワット

① 足を肩幅程度に開いて立ちます。
② 正面を向いて、背筋を伸ばしたまま、膝が90度程度になるまでゆっくりと息を吸いながらしゃがみます。
③ 息を吐きながら、もとの状態に戻します。

もも上げ

① 足を肩幅程度に開いて背筋を伸ばして立ち、両手は腰に添えます。
② ひざが90度になるまでゆっくりと上げ、1秒静止します。
③ ゆっくりともとの位置に戻します。
④ 右足も同様に行います。

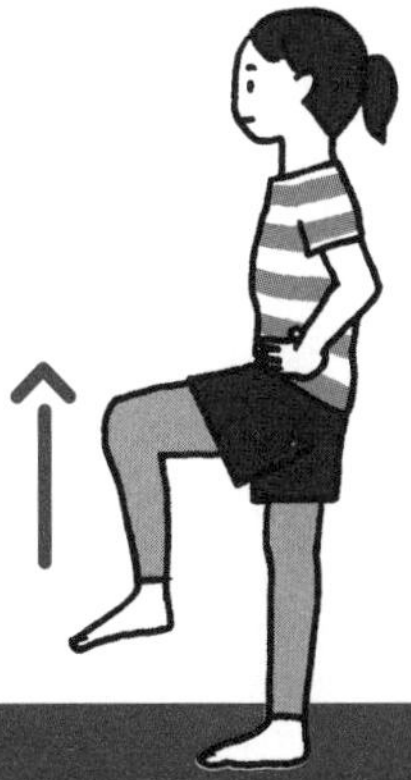

D
コース

踏み台昇降 20分

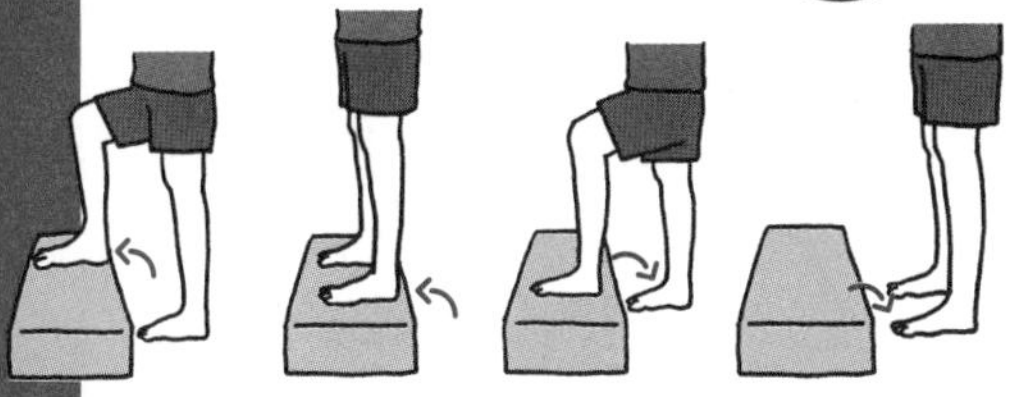

家の中でもできる低強度の運動です。1・2で台に上がり、3・4で台から下ります。上がった足から下りるようにしましょう。

2週間のモニターテストで検証

「朝の運動だけですっきりやせて健康になりました!」

2週間、食事時間の調整と「高速代謝トレーニング」をしていただき、体重と体調の変化をチェックしました。

食事制限なしの持続可能なダイエット

9名のモニターの方々に、「寝る3時間前までに夕食をすませ、起床後、朝食前の時間帯に低強度の運動を行うダイエット法」を2週間行っていただき、その前後の体重をお伺いしました。このダイエット法は急激に体重を減らすものではないので、2週間で500グラム減れば充分効果ありと考えておりましたが、みなさんに体重の減少が見られ、体調がよくなったというご報告や、これからも続けたいというご報告も多くいただけるうれしい結果となりました。

今回行ったダイエット法

1. 寝る3時間前までに夕食をすませる
2. 起床後、高速代謝トレーニングを行う

どれか1種類でOK!

- ウォーキング 30分
- ジョギング 15分
- スクワット 1分 + もも上げ 15分
- 踏み台昇降 20分

1 歩く習慣がつき、体重も予想以上に減りました！

谷村康江さん（51歳/女性/161.4㎝）

Before 65.0kg
After 63.5kg

雨の日が続いたため、スクワットとももも上げをした日が多くなりました。初日のもも上げはかなりキツく、続けられるか心配していましたが、続けているうちに「あれ、もう5分？」と体感時間が短くなっていきました。初日以降、体重を測っていなかったので、最終日に体重計に乗ったら予想以上に減っていて驚きました。

2 朝イチで体を動かすことで、運動に抵抗がなくなりました。

大島由美さん（42歳/女性/158㎝）

Before 62.8kg
After 61.5kg

朝食前のウォーキング30分はキツい日もありましたが、体が目覚める感覚が気持ちよく、クセになっていきました。体を動かすことにも抵抗がなくなり、階段を使ったり遠回りをしたりと、能動的に運動を取り入れられるようになりました。夕食を早めに食べる習慣は、子供がいるためとくに苦労なく続けられました。

3 起床後、朝食前という時間帯が習慣として継続しやすかったです

上原正一さん（61歳/男性/181.5㎝）

Before 72.8kg
After 72.15kg

最初はもも上げが思いのほかキツく感じましたが、1週間ほどで慣れていきました。起床後、朝食前というのが、習慣を継続させるにはいい時間帯だと感じており、引き続き行っていこうと考えています。今後は様子を見て、簡単なストレッチやテレビ体操なども、追加メニューとして取り入れてみたいです。

4 朝食をとる習慣もつき、便秘改善にもつながりました

竹下 彩さん（31歳/女性/157cm）

Before 54.0kg

After 53.0kg

以前は仕事で軽い運動をすることがありましたが、職場が変わり、運動することが減ったことで体重が増えてしまいました。昨年の秋ごろから始めた夕食後のウォーキングやエクササイズでも大きな変化はありませんでしたが、朝の運動では体重も減り、朝食を規則的にとることで便秘も改善しました。

5 犬の散歩を兼ねて実施。お腹の調子がよくなりました！

陣内健一さん（62歳/男性/169cm）

Before 76.0kg

After 75.4kg

通勤前に30分ウォーキングをする時間を確保するのはなかなか難しかったですが、犬の散歩も兼ねて行ったので、負担は少なくすみました。雨の日はスクワットともも上げをやりましたが、少し筋肉痛が残りました。お腹の調子もよくなったので、少し負荷を増やしながら、これからも継続してみたいと思います。

6 最初はキツかったもも上げも、慣れれば15分が可能に

佐藤しのぶさん（58歳/女性/166cm）

Before 58.3kg

After 57.1kg

朝の運動は、スクワット+もも上げを行いました。初めはもも上げもキツく感じましたが、徐々に慣れてきて15分もそこまで苦ではありませんでした。食事制限はまったくしませんでしたが、1kg減っていて驚きました。このまま無理せずマイペースで続けていければと思っています。

※名前はすべて仮名です。

7 食事制限もなく、運動も軽めなので無理なく続けることができました

神田早紀さん（45歳/女性/157cm）

Before 60.0kg
After 59.3kg

つらい食事制限がないので、気軽に取り組むことができました。スクワットとももも上げを行いましたが、負荷が少ないので無理なく続けることができました。これまでは、朝、体のだるさを感じることが多かったのですが、軽めの運動をしたあとは頭もすっきりして、気分よく1日をスタートできるようになりました。

8 夜遅い時間の飲酒を控えたことで、体重減の結果につながりました

谷塚文雄さん（77歳/男性/171cm）

Before 62.6kg
After 62.0kg

ここ5年以上、起床後に40~50分ほどの散歩を継続していました。週に3回はスポーツクラブでも運動しておりましたが、夜にほぼ毎日、少々飲酒していたのを控えたおかげか、体重が減る結果につながりました。運動の習慣は以前よりあったので、苦痛に感じることなく体験できました。

9 食事制限をまったくせずに1ヵ月で4kgも減りました！

1ヵ月続けてみました

池田圭一さん（36歳/男性/167cm）

Before 73.0kg
After 69.0kg

コロナ禍のリモートワークで体重が増えてしまい困っていたところ、食事制限がないダイエットモニターという点に魅力を感じ、挑戦してみました。期間中、ウーバーイーツで大好きなハンバーガーチェーンを約10回利用しましたが、みるみるうちに体重が減り、ちょっと嘘だろ、と驚いています。

おわりに

いかがでしたか?
楽しく読んでいただけましたでしょうか?
読書もダイエットも、楽しくなければいけません。
子供のころ、両親や学校の先生に「努力」はとても尊いものだ、と教わりました。
「努力すれば夢は叶《かな》う」という言葉は、誰もが立派な言葉と感じるはずです。

でも、あえて言います。
「努力したら負け」です。
努力する、ということは、「嫌なことを我慢して頑張る」ということです。
じつは、これではだめなんです。

私は高校時代、物理が苦手で、いくら勉強しても物理の成績は悲惨なものでした。

でも私は、物理の成績が悪いのは努力が足りないからだ、と思って必死になって勉強しました。内容がまったくわからないので、教科書に何度も線を引いて暗記しようとしました。

つらかったです。

で、大学受験……結果は惨敗です。

私は、物理の成績が学年トップで東京大学に現役合格を果たした同級生に、どうやったら物理ができるようになるのかを聞きました。彼は、こう答えました。

「物理を努力したことはないよ。物理が好きなんだ。だから勉強していて楽しいんだ」

衝撃を受けました。

「好きこそ物の上手なれ」という言葉があります。

苦しいのを我慢して「努力」する人は、「楽しんでやっている」人には絶対にかなわないんです。

私はそのあと予備校に行きましたが、そこでは物理を楽しむにはどうしたらいいか、ということをつねに考えていました。

おかげで物理が楽しくなって、成績も急上昇。次の年の受験では、物理は得意科目となりました。


いま、私の専門分野は、糖尿病のインスリン分泌研究のなかでも物理の知識がとくに必要な「電気生理学」という分野です。

研究者として独り立ちして、多くの論文を発表しているのも、ひとえに実験や研究が楽しいからです。


この本では、みなさんに楽しんで読んでいただくことを何より重視しました。

ダイエットも、楽しくなければ成功も長続きもしませんから、我慢と努力を伴う食事制限は、本書では最低限にしてあります。

そして、楽しく運動をすることでのダイエットの成功と持続を目指しました。

運動して体力をつけ、ちょうどいい体重を維持することは、健康で長生きする秘訣です。
本書を楽しみ、運動を楽しみ、ダイエットを楽しみ、みなさんが長く健康で楽しい人生を送られることを願っています。

下村健寿

刊行に寄せて

推薦者：フランセス・アッシュクロフト
（英国オックスフォード大学教授。生理学者）

すべては2003年の初秋にかかってきた1本の国際電話から始まりました。

突然、日本の若い科学者が私の研究室で働きたい、と言い出したのです。

以前、何人かの日本人が私の研究室で研究していたことはありましたが、この若者については聞いたこともありませんでした。

当然、「申し訳ないけど、いまはポストに空きはない」と伝えました。

しかし、この若者は諦めが悪く、私に電話をかけ続けました……何度も何度も。

そして私はついに「1カ月だけ、こちらに来てみたらどうですか」と伝えました。会ってみれば、どんな人物か少なくともわかるかもしれないと思ったのです。

それがケンジュ・シモムラでした。

到着してみると、好感の持てる人物でした。最終的に彼は8年ものあいだ、私の研究室で働き、研究し続けました。

彼がオックスフォードにいた8年は、とても幸せで生産性の高いコラボレーション期間でした。オックスフォードにいるあいだ、ケンジュはATP感受性カリウムチャネル（KATP channel）という、細胞膜に空いた小さな孔《あな》について研究していました。この孔はすい臓にあるベータ細胞で、インスリン分泌の鍵となるもので、糖尿病治療薬の標的としても知られています。

彼はこれ以上にない最高のタイミングで私の研究室にやってきたと言えます。

彼がオックスフォードにやってきたとき、私の研究室では、新たに発見されたATP感受性カリウムチャネルの遺伝子変異によって発症する新生児糖尿病の研究を始めたばかりでした。この病気は、生後直後から糖尿病を発症する非常にまれな遺伝子疾患です。

ケンジュはこの病気の研究において、多大な貢献を果たしました。

彼は遺伝子の異常がこの病気を発症するというメカニズムを明らかにし、病気を再現したモデル動物の解析も行いました。彼の研究成果はこの疾患の多くの病態を明らかにし、治療法の発見に貢献しました。

私と一緒に働いた8年間のあいだに、彼はじつに20本を超える英文原著論文を発表しました。これは驚くべき業績です。

2012年、ケンジュは日本に帰っていきました。

そして彼が母校の福島県立医科大学の教授になったと聞いたとき、私は誰よりもうれしく感じたものです。

彼はいま、彼の原点となった福島の地で、自らの研究グループを率いて研究活動を続けています。

そしていま、ケンジュは日本の読者のために、代謝、食事、体重管理に関する本を書いたと伝えてきました。

今日の糖尿病や肥満人口の著しい増加を考えると、極めて重要なトピックを扱った本と言えるでしょう。

ケンジュはオックスフォードにいたときから読書好きでした。それにオックスフォード大学の学生や大学院生への指導の様子を見ていても、教えるのがとても上手だったと記憶しています。ですので、この本はおもしろくてわかりやすい、すばらしい本になると確信しています。

あとはただ、いつの日か、この本が英語に翻訳されて、私も楽しんで読める日が来ることを願うばかりです。

オックスフォード大学で、世界的に有名なアッシュクロフト教授のもとで
インスリンの研究に励んだ研究室での様子。

フランセス・アッシュクロフト

インスリン分泌研究の世界的権威。研究業績に対して数々の受賞歴があり、2007年にアメリカ生理学会最高賞であるウォルター・B・キャノン賞、2012年にロレアル・ユネスコ女性科学者賞を受賞。2015年にはエリザベス女王より大英帝国叙位Dameを授与された。一般向けの著書『人間はどこまで耐えられるのか』(河出書房新社)や『生命の閃光』(東京書籍)は日本でも話題になった。

〔参考文献〕

1 Long G et al., Comparison of dietary macronutirient patterns of 14 popular named dietary programs for weight and cardiovascular risk factor reduction in adults: systematic review of the network meta-analysis of randomized trials. BMJ 2020 m696,

2 Olds J, Milner PM. Positive reinforcement produced by electrical stimulation of septal area and other regions of rat brain. J Comp Psysiol Psychol 47, 315-324, 1954

3 Pottenoy RK et al., Compulsive thalamic self-stimulation: a case with metabolic, electrophysiologic and behavioul correlates. Pain 27, 277-290, 1986

4 Aron A et al., Reward, motivation and emotion system associated with early-stage intense romantic love. J Neurophysiol 94, 327-337, 2005

5 Ortenblad n et al., Muscle glycogen and cell function-Location, location, location. Scand J Med Sci Sports 25, 34-40, 2015

6 Cermak NM et al., The use of carbohydrates during exercise as an ergogenic aid. Sports Med 43, 1139-1155, 2017

7 Thomas DT et al., American college of sports medicine joint position statement. Nutrition and athletic performance. Med Sci Sports Exerc 48, 543-568, 2016

8 Miki T et al., Roles of KATP channels as metabolic sensors in acute metabolic changes. J Mol Cell Cardiol 38, 917-925, 2005

9 Pennington AW. A reorientation on obesity. N Engl J Med 248, 954-964, 1953.

10 Mazidi M et al., Lower carbohydrate diets and all-cause and cause-specific mortality: a population-based cohort study and pooling of prospective studies. Eur Heart J 40, 2870-2879, 2019

11 St Jeor ST et al., Dietary protein and weight reduction: a statement for healthcare professionals from nutrition committee of the council on nutrition, physical activity, and metabolism of the American Heart Association. Circulation, 104, 1869-1874, 2001

12 Lagiou P et al., Low carbohydrate-high protein diet and incidence of cardiovascular diseases in Swedich women: prospective cohort study. B M J, 344, e4026, 2012

13 Tania A et al., Low carbohydrate diets may increase risk of neural tube defects. Birth Defects Research, 1198, 2018

14 Goldenberg JZ et al., Efficacy and safety of low and very low carbohydrate diets for typw 2 diabetes remission: systematic review and meta-analysis of published and unbpublished randomized traial data. BMJ 372, m4743, 2021

15 Majid M et al., Effect of carbohysrate restriction-induced weight loss on aortic pulse wave velocity in overweight men and women. Appl Physiol Nutr Metab 43, 1247-1256, 2018

16 Ebbeling CB et al., Effects of low carbohydrate diet on energy expenditure during weight loss maintenance. BMJ 371, m4264, 2020

17 Marsset-Baglieri A et al., Increasing the protein content in carbohydrate-free diet enhances fat loss during 35% but not 75% energy restriction rats. J Nutr 134, 2646-2652, 2004

18 Shai I et al., Four-year follow up after two year dietary interventions. N Eng J Med 367, 1373-1374, 2012

19 Hession M et al., Systematic review of randomized controlled trials of low-carbohydrate

vs. low-fat/low calorie diets in the management of obesity and its comorbidities. Obes Rev 10, 36-50, 2009
20 De Cabo R et al., Effects of intermittent fasting on health, aging and disease. N Eng J Med 381, 2541-2551, 2019
21 Stekovic S et al., Alternate day fasting improves physiological and molecular markers of aging in healthy, non-obese humans. Cell metab 30, 462-476, 2019
22 Sadeghirad B et al., Islamic fasting weight loss: a systematic review and meta-analysis. Publ Health Nutr, 17, 396-406, 2014
23 Hajek P et al., Weight change during and after Ramadan fasting. J Public Health (Oxf) 34, 377-381, 2012
24 Kong A et al., Self-monitoring and eating-related behaviors are associated with 12-months weight loss among postmenopausal overweight-to-obese women. J Acad Nutr Diet, 112, 1428-1435, 2012
25 Carter MC et al., My meal smartphone application for weight loss: pilot rabdomized control trial. J Med Internet Res 15, 2013
26 Pentekainen S et al., Mobile phone app for self-monitoring of eating rhythm: field experiment. JMIR Mhealth Uhealth, 27, e11490, 2019
27 Mulvihill EE et al., Narigenin prevents dyslipidemia, apolipoprotein B overproduction and hyperinsulinemia in LDL-receptor-null mice with diet induced insulin resistance. Diabetes, 58, 2198-2210, 2009
28 Park JH et al., Green tea extract with polyethylene glycol-3350 reduces body weight and improves glucose tolerance in db/db and high-fat diet mice. Naunyn Schmiederbergs Arch Pharmacol 386, 733-745, 2013
29 Chung E et al., Effect of annatto-extracted tocotrienols and green tea polyphenols on glucose homeostasis and skeletal muscle metabolism in obese male mice. J Nutr Biochem 67, 36-43, 2019
30 Yamashita H et al., Improvement of obesity and glucose tolerance by acetate in type 2 diabetic Otsuka Long-Evans Tokushima Fatty (OLRTF) rats. Biosci Biotechnol Biochem 71, 1236-1243, 2007
31 Halson SL et al., Effects of carbohydrate supplementation on performance and carbohydrate oxidation after intensified cycle training. J Appl Physiol 119, 1245-1253, 2004
32 Gemmink A et al., Excercising your fat (metabolism) into shape: muscle-centred view. Diabetologia 63, 1453-1463
33 Gregory S et al., Substrate utilization is influenced by acute dietary carbohydrate intake in active healthy females. J Sports Sci Med 10, 59-65, 2011
34 Havel RJ et al., Turnover rate and oxidation of free fatty acids of blood plasma in man during exercise: Studies during continuous infusion of palmitate-1-C14, J Clin Invest 42, 1054-1063
35 Fitzen AM et al., Turning fatty acid oxidation in skeletal muscle with dietary fat and exercise. Nature Rev Endocrinol, 16, 683-696, 2020
36 Lane SC et al., Effects of sleeping with reduced carbohydrate availability on acute

training responces. J Appl Physiol, 119, 643-655, 1985
37 Marquet LA et al., Enhanced endurance performance by periodization of carbohydrate intake: "Sleep low" strategy. Med Sci Sports Excerc 48, 663-672, 2016
38 Verreijen AM et al., A high protein-, leucin-, and vitamin D- enriched supplement preserves muscle mass during intentional weight loss in obese older adults: a double-blind randomized controlled trial. Am j Clin Nutr 101, 279-286, 2015
39 Kim JE et al., Effects of dietary protein intake on body composition changes after weight loss in older adults: a systematic review and meta-analysis. Nutr Rev 74, 210-224, 2016
40 Bohe j et al., Latency and duration of stimulation of human muscle protein synthesis during continuous infusion of amino acids. J Physiol 532, 575-579, 2001
41 Greenhalf PI et al., Disassociation between the effects of amino acids and insulin on signaling ubiquitin ligases, and protein turnover in human muscle. Am j Physiol Endocrinol Metab, 295, E595-604, 2008
42 Reaven GM. Effect of variations in carbohydrate intalke on plasma glucose, insulin and triglyceride responses in normal subjects and patients with chemical diabetes. Adv Exp Med Biol 119, 253-262, 1979
43 Lee JH, Jun HS. Role of myokines in regulating skeletal muscle mass and function. Front Physiol 10, 42, 2019
44 Piccirillo R. Exercise-induced myokines with therapeutic potential for muscle wasting. Front Physiol 10, 287, 2019
45 Kuwata H et al., Meal ssequence and glucose excursion, gastric emptying and incretin secretion in type 2 diabetes: a randomized controlled crossover, exploratory trial. Diabetologia 59, 453-461, 2016
46 Nohara A et al., Self-awareness of fast eating and its impact on diagnostic components of metabolic syndrome among middle-aged Japanese males and females. Endocr Regul 49, 91-96, 2015
47 Maejima Y et al., The deletion of glucagon-like peptide-1 receptors expressing neurons in the dorsomedial hypothalamic nucleus disrupts the diurnal feeding pattern and induces hyperphasia and obesity. Nutr Metab (Lond) 8, 58, 2021
48 Chambers ES et al., Carbohysrate sensing in the human mouth: effects on exercise performance and brain activity. J Physiol 587, 1779-1794, 2009
49 Cains S et al., AgRP neuron activity is required for alcohol-induced overeating. Nat Commun 8, 14014, 2017

下村健寿

Kenju Shimomura

福島県立医科大学医学部病態制御薬理医学講座主任教授。先端医科学ウェルネスアカデミー(AMWA)代表理事。医学博士・医師。元・英国オックスフォード大学生理学・解剖学・遺伝学講座/遺伝子機能センター シニア研究員。

1997年、福島県立医科大学医学部卒業。群馬大学医学部第一内科入局。臨床医として勤務。2004年群馬大学医学部大学院(内科学)卒業:医学博士。同年、日本を離れ英国オックスフォード大学生理学・解剖学・遺伝学講座に研究員として就職。インスリン・糖尿病学の世界的権威であるフランセス・アッシュクロフト教授に師事。同大学にて、04年に発見された新生児糖尿病の治療法の発見に貢献する。特に07年に米国神経学会雑誌「Neurology」において新生児糖尿病の最重症型であるDEND症候群の世界初の治療有効例を、その治療法・病態メカニズムとともに報告し、Editorial論文に選ばれ高い評価を受けた。

05年と10年にはオックスフォード大学よりメリット・アワードを授与。同大学勤務中の8年間で、高インパクトファクター学術専門誌も含めて、35本の英文原著学術論文を発表した。

12年に帰国。自治医科大学を経て、14年から母校の福島県立医科大学の特任教授に着任。17年に同大学病態制御薬理医学講座、主任教授に着任。研究と教育に従事。現在も糖尿病、肥満研究に従事し発表した英文原著学術論文の総数は100以上。

また、大学病院だけでなく被災地域も含めた福島県内の複数の病院において糖尿病・肥満外来に従事し、現在でも月200人以上の患者を担当する臨床医でもある。

主なメディア出演にNHKBSプレミアム「美と若さの新常識」など。研究以外では、晩年の作家・小松左京氏と親交があり、「小松左京マガジン」(角川春樹事務所)誌上に科学エッセイ、映画論などを連載。20年にはNHKBSプレミアム「アナザーストーリーズ」に出演し、小松左京氏との思い出を語った。幼少時代をアメリカで過ごしたことからバイリンガルであり、学術論文だけでなく小松左京論や日本映画評を米国の映画雑誌に寄稿もしている。

オックスフォード式
最高のやせ方

発行日　2021年10月1日　第1刷
発行日　2021年12月2日　第3刷

著者　下村健寿

本書プロジェクトチーム
編集統括　柿内尚文
編集担当　大住兼正
編集協力　天野由衣子（コサエルワーク）
デザイン　小口翔平＋阿部早紀子＋加瀬梓（tobufune）
DTP　藤田ひかる（ユニオンワークス）
イラスト　平のゆきこ
校正　東京出版サービスセンター
PR写真撮影　長尾浩之
ヘアメイク　門口明加

営業統括　丸山敏生
営業推進　増尾友裕、綱脇愛、大原桂子、桐山敦子、矢部愛、寺内未来子
販売促進　池田孝一郎、石井耕平、熊切絵理、菊山清佳、吉村寿美子、矢橋寛子、遠藤真知子、森田真紀、高垣知子、氏家和佳子
プロモーション　山田美恵、藤野茉友、林屋成一郎
講演・マネジメント事業　斎藤和佳、志水公美

編集　小林英史、栗田亘、村上芳子、菊地貴広
メディア開発　池田剛、中山景、中村悟志、長野太介
管理部　八木宏之、早坂裕子、生越こずえ、名児耶美咲、金井昭彦
マネジメント　坂下毅
発行人　高橋克佳

発行所　株式会社アスコム

〒105-0003
東京都港区西新橋2-23-1　3東洋海事ビル
編集局　TEL：03-5425-6627
営業局　TEL：03-5425-6626　FAX：03-5425-6770

印刷・製本　株式会社光邦

Printed in Japan ISBN 978-4-7762-1155-6